T0282061

LA PUERTA Y LA LLAVE

JULI PERADEJORDI

LA PUERTA Y LA LLAVE

EDICIONES OBELISCO

Si este libro le ha interesado y desea que le mantengamos informado de
nuestras publicaciones, escríbanos indicándonos qué temas son de su interés
(Astrología, Autoayuda, Psicología, Artes Marciales, Naturismo,
Espiritualidad, Tradición…) y gustosamente le complaceremos.

Puede consultar nuestro catálogo en www.edicionesobelisco.com

Colección Textos tradicionales
LA PUERTA Y LA LLAVE
Juli Peradejordi

1.ª edición: junio 2024

Corrección: *Elena Morilla*
Diseño de cubierta: *Enrique Iborra*

© 2024, Juli Peradejordi
(Reservados todos los derechos)
© 2024, Ediciones Obelisco, S. L.
(Reservados los derechos para la presente edición)

Edita: Ediciones Obelisco, S. L.
Collita, 23-25. Pol. Ind. Molí de la Bastida
08191 Rubí - Barcelona - España
Tel. 93 309 85 25
E-mail: info@edicionesobelisco.com

ISBN: 978-84-1172-168-4
DL B 9548-2024

Impreso en los talleres gráficos de Romanyà/Valls S. A.
Verdaguer, 1 - 08786 Capellades - Barcelona

Printed in Spain

LA PUERTA Y LA LLAVE
O LOS PÚDICOS MISTERIOS
DE LA DESNUDEZ

Muchos están delante de la Puerta, pero son los solitarios
quienes penetrarán en la cámara nupcial.
Evangelio según Tomás, 75.

Este pequeño libro tiene su origen en un artículo escrito
hace unos cuarenta años para la revista *La Puerta*. Un
artículo que, por razones que no logro recordar, los años no
pasan en vano, nunca llegó a publicarse. Fruto del atrevi-
miento y la ignorancia propios de la juventud, el texto ado-
lecía sin duda de algunas imprecisiones, pero el tiempo y
esa falsa seguridad producto de los años lo han ido pulien-
do, corrigiendo, transformando, nutriendo y engordando,
hasta llegar a convertirlo en lo que es ahora. Sin embargo,
debo reconocer que las ideas maestras estaban ya esbozadas
en el citado artículo y con los años probablemente algo
hayan ganado en peso, madurez e interés, por lo que he
creído interesante realizar el esfuerzo de desarrollarlas más
ampliamente.

Mi interés por el sentido profundo de la puerta es, sin
embargo, anterior. En el año 1979 tuve un sueño de esos
que te marcan para siempre. Es un sueño que no he co-

mentado con mucha gente por pudor, por prudencia, quizá incluso por sensatez. En el sueño escuché una frase que nunca más olvidé: «Si llamas a la puerta de la casa de Dios, es que Dios ya ha llamado a la puerta de tu corazón». Durante mucho tiempo pensé que se trataba de una cita del gran poeta persa Rumi, pero no conseguí encontrarla en ninguna parte. Años más tarde, cuando ya pude recurrir a los buscadores de internet, lo intenté de nuevo, con el mismo resultado. Ahora soy consciente de que no me lo dijo Rumi: me lo dijo mi propia alma. Esta frase fue la inspiración para fundar, junto con un reducido grupo de amigos, la revista *La Puerta*.

Íntimamente asociado a nuestro asunto, la puerta y la llave, está el misterio eterno, el misterio de la muerte, del que cabe recalcar un aspecto en el que a menudo no reparamos: venimos desnudos a este mundo y nos vamos desnudos de él. ¿No será en el fondo la desnudez, el despojarse, la llave de la puerta?

En hebreo «desnudo» se dice *Arom* (ערם), y esta palabra se relaciona con *Aramah* (ערמה), «astucia». La primera vez que esta raíz aparece en la *Torah* es aplicada a Adán y Eva antes de la caída en *Génesis* (II-25). Estaban *Arumim* (ערומים), «desnudos». Justo después, en *Génesis* (III-1) se nos dice que la serpiente era *Arom* (ערום), «astuta», más astuta que los demás animales. ¿Por qué estas dos palabras están prácticamente juntas en el texto de la *Torah*? ¿Qué relación hay entre la desnudez y la astucia? ¿Y entre la serpiente y la llave?

Podemos pensar, como de hecho piensan muchos comentaristas, que el texto de la *Torah* dice que la serpiente estaba desnuda, pues no tenía ni pelo ni plumas, pero esta explicación nos parece muy exterior. Más adelante, en *Génesis* (III-21), se nos dice que Dios «hizo para el hombre y su mujer túnicas de piel». Algunos cabalistas sostienen que de «la piel de la serpiente».

Este versículo del *Génesis* es el origen de un bellísimo comentario del *Zohar* (II-229 b)[1] que comenta este pasaje explicando que, antes de la caída el hombre, Adán, Adam (אדם), tenía unas vestiduras de luz, *Or* (אור) pero a raíz de su trasgresión la *Alef* de *Or* (אור) se convirtió en *Ayin* (ע) y le quedaron unas vestiduras de piel, *Or* (עור). Si a *Arom* (ערום) le quitamos la última letra, la *Mem Sofit* (ם), nos encontramos con las tres letras que forman la palabra *Or* (עור), «piel». Por otra parte, dos de estas tres letras, la *Resh* (ר) y la *Ayin* (ע), forman la palabra *Ra* (רע), «mal». Palabra que aparecerá por primera vez en la *Torah* en *Génesis* (II-9) en la expresión *Etz haDaat Tov veRa* (עץ הדעת טוב ורע), «Árbol del conocimiento del bien y del mal». El hecho de comer del fruto de dicho árbol es lo que hizo que Adán y Eva fueran mortales.

La cábala nos enseña que el valor numérico o guematria de la expresión *Etz haDaat Tov veRa* (עץ הדעת טוב ורע), «Árbol del conocimiento del bien y del mal», es 932. Sorprendentemente, es la suma de la guematria de *Maljut* (מלכות), «reino», 496 y la de *Mavet* (מות), «muerte», 446. Curiosamente, a las letras de la palabra *Mavet* (מות), «muerte», las encontramos dentro de *Maljut* (מלכות). *Maljut* (מלכות) incluso se podría leer como *Kol Mavet* (כל מות), «todo muerte». *Maljut* (מלכות) es también una de las diez

---

1. Véase nuestra edición, *El Zohar,* tomo XVII, pág. 129, Barcelona, septiembre de 2013.

sefirot, concretamente la última, y los cabalistas la relacionan con la puerta. Por otra parte, el *Etz haDaat Tov veRa*
(עץ הדעת טוב ורע), «Árbol del conocimiento del bien y
del mal», se relaciona con la *sefirah Daat* (דעת), y bien pareciera que es como un tesoro que el hombre viene a buscar
cuando baja a este mundo y que casi nunca consigue descubrir, apropiarse de él y llevárselo.

De todo ello podemos deducir que la desnudez de la
que nos habla el libro del *Génesis* es desnudez de luz. Adán
y Eva perdieron la luz de la que estaban revestidos, y eso es
lo que hizo de ellos unos seres «astutos». La astucia es en el
fondo oscuridad, ignorancia, un triste sustituto de la sabiduría. Esto lo podemos ver en la vida de cada día.

¿Puerta o llave?

Para muchos, la muerte es una puerta, para algunos, pocos,
uno o dos por siglo, también es una llave. Eso ocurre cuando
se ha trascendido la dualidad «puerta-llave». Un conocido comentario midráshico a *Eclesiastés* (V-14), nos enseña:

כאשר יצא מבטן אמו, ערום ישוב ללכת כשבא; ומאומה
לא-ישא בעמלו, שילך בידו

> Como salió del vientre de su madre, desnudo, así se vuelve,
> tornando como vino; y nada tuvo de su trabajo para llevar
> en su mano.

El texto del *midrash* es el siguiente:

> Así como el hombre sale desnudo del vientre de su madre,
> ha de volver desnudo. Tal como llegó. Así como llegó, así
> se va a ir. Vino, llegó con una voz, y se va con una voz.
> Vino con un llanto y se va con llanto. Vino con ternura y
> se va con ternura. Vino sin *Daat* y se va sin *Daat*.

La principal diferencia entre el texto de *Eclesiastés* (V-14) y
el *midrash* la encontramos precisamente en la palabra *Daat*,
«conocimiento». Venimos a este mundo sin este *Daat*, «conocimiento», y cuando nos vamos, aunque lo hayamos
alcanzado, perdemos este conocimiento y nos vamos sin
él. Al menos según el *midrash*. Al menos el común de los
mortales. Cuando el texto dice «sale desnudo» y «ha de volver desnudo» parece sugerirnos que tanto morir como ir a la
tumba es como regresar al vientre de la madre.

Curiosamente, en hebreo, tanto el vientre materno como la tumba reciben un mismo nombre: *Kever* (כבר). Los
cabalistas nos enseñan que si tomamos las letras iniciales de
las palabras *Kol* (קול), «voz», *Bejiah* (בכיה), «llanto» y *Rajot*
(רכות), «ternura», obtenemos también *Kever* (כבר), aunque escrito con *Kof* (ק) en vez de *Kaf* (כ), lo cual no es in-
correcto.

Todo nuestro transitar por este bajo mundo, entre el
útero y la tumba, bien podría ser una búsqueda más o menos inconsciente de una libertad que no encontramos en
esa cárcel que es el cuerpo y, por extensión, este mundo. El
símbolo de la libertad es la llave, *Mafteaj* (מפתח). Y la libertad, nos enseñan los cabalistas apoyándose en una pági-

na memorable del Talmud,[2] está íntimamente ligada a la *Torah*. De esto trata esencialmente este libro: por una parte, de la puerta de salida para regresar a la libertad primera y, por otra, de la llave que la abre.

Un poema de Miguel de Cervantes que aparece en *El Quijote* resumía magistralmente esta búsqueda:

> Busco en la muerte la vida,
> salud en la enfermedad,
> en la prisión libertad,
> en lo cerrado salida…

EL AUTOR

---

2. Comentando *Éxodo* (XXXII-16) que, a propósito de la *Torah*, dice «grabada sobre las tablas», el Talmud en el tratado de *Shabbat nos descubre que la* expresión *Jarut* (חרות), «grabada», también significa *Jeret* (חרת), «libertad».

Tarot de Rosenwald

I. El buitrón y la calabaza

Los pescadores de la Costa Brava (Girona) utilizan un curioso ingenio llamado «buitrón»[3] (*nansa* en catalán) que consiste en una especie de cesto de mimbre que llenan de cebo y dejan en el mar atado a una boya o a una barca con-

---

3. Esta palabra procede, curiosamente, de «buitre». En el campo, también se utilizan buitrones para cazar perdices. Una coincidencia curiosa que con la alquimia también se llamara «buitrón» a una especie de crisol para refinar la plata.

venientemente anclada durante la noche e incluso durante días. Hay en él una especie de entrada que, a medida que avanza hacia el interior, va estrechándose, acabando en forma de púas. Atraídos por la comida, los peces entran en el buitrón, comen a sus anchas, pero las más de las veces no logran salir de él porque, al intentarlo, encuentran que la salida es muy estrecha y chocan con las púas.

Aplicado este ejemplo al hombre, podemos encontrar la misma idea en el naipe n.º XII del denominado Tarot de Rosenwald (s. xv). En este naipe podemos ver que el colgado podría liberarse fácilmente de la soga que le tiene preso si soltara las dos bolsas de dinero que agarra con sus manos. Terrible evocación del hombre caído, cuyo apego a los bienes de este mundo mantiene prisionero.

En otras latitudes, se cazan monos colocándoles comida en los huecos de los árboles o en calabazas.[4] Al asir la comida, el volumen de sus manos ha aumentado y ya no pueden sacarlas sin lastimarse. De este modo, quedan así prisioneros de su gula y de su codicia: han caído en la trampa.

Nos hallamos, en ambos casos, ante la misma idea: una entrada en la cual es relativamente fácil penetrar, pero de la que es muy difícil, cuando no imposible, salir. Idea magistralmente evocada por Virgilio en *La Eneida* (VI-129). «Entrar en el Averno no es difícil ni tampoco trabajoso», nos enseña el guía y maestro de Dante, lo complicado es

---

4. Véase *El Mensaje Reencontrado* XX-9: «Como el mono que permanece prisionero de la calabaza con la mano obstinadamente cerrada sobre el cebo, también nos bastaría con soltar el puñado de barro que apretamos estúpidamente en este mundo para ser devueltos a nuestra libertad primera. Sin embargo, todos se burlan de los monos y nadie entrevé su propia codicia».

salir de él. O, mejor dicho, lo trabajoso, si traducimos literalmente sus palabras: *Hoc Opus, hic labor est.*

Curiosamente la etimología latina de *labor* es la misma que la de «labio» (*labrum*), órgano tradicionalmente relacionado con la lectura en voz alta de la *Torah*. En hebreo, «labio» se dice *Safah* (שפה), palabra que tiene la misma guematria que *Shekinah* (שכינה), la Presencia divina, 385. De los labios de Dios procedería la denominada *Bat Kol*, literalmente «hija de la voz», que se suele traducir como «eco celestial», íntimamente relacionada con la *Shekinah*. Por otra parte, la *sefirah* relacionada con la boca y con la puerta es la misma: *Maljut*.

La búsqueda a la que nos referíamos es el verdadero trabajo, el *verum opus*, que hemos venido a realizar en este mundo, un trabajo distinto al que conocemos, un trabajo que no se lleva a cabo en el bullicio exterior, sino en el reposo y en el silencio interior.

Se ha dicho que los sabios sólo enseñan en el reposo y en el silencio, y es que sólo se aprende en el reposo y en el silencio. La agitación no sirve, distrae. La clave, o al menos una de las claves, de este trabajo se encuentra en lo que se conoce como el silencio mental. Callarse para poder escuchar. Aquietar la cháchara de la mente para poder estar atento al susurro del alma.

Atravesando el útero materno, que en más de una cosa recuerda al cuello del buitrón, todos nosotros hemos entrado por una puerta. Pero he aquí que no somos capaces de volver hacia atrás, y henos prisioneros en un mundo que no es exactamente aquél al que nuestra alma aspira.

Tanto la alegoría del buitrón como la de la calabaza nos parecen elocuentísimas evocaciones del estado en que nos hallamos los humanos: prisioneros de un mundo tenebroso que nos oprime y nos angustia, y en el cual, normalmente por ignorancia de la puerta de salida, acabamos instalándonos hasta que la muerte nos echa fuera. «Hasta que la muerte os separe», dice el sacerdote a los recién casados para remarcar la indisolubilidad del sacramento, pero entendida cabalísticamente esta frase tiene un sentido mucho más profundo: hasta que la muerte separe nuestro cuerpo de nuestra alma.

Sin embargo, hay algo peor: en nuestro aturdimiento somos totalmente ignorantes de la gravedad de esta situación y pocos son los que se aventuran a buscar la puerta de salida. La búsqueda es efectivamente algo «raro», es decir algo «poco frecuente» y «de gran valor». El buscador de la verdad también es alguien raro, y los demás mortales, instalados en el estiércol de este mundo, lo consideran alguien atípico e incluso anormal: un inadaptado. Muchas veces incluso sienten miedo de él o de sus ideas.

Tenemos, pues, dos alternativas muy claras: pudrirnos en este mundo o encontrar la salida, seguir agarrados al barro en el que hemos caído o soltarlo valientemente. Probablemente se trate de la urgencia más acuciante del hombre mientras vive (sería más exacto decir «sobrevive») en este bajo mundo. No se trata de decorar y acondicionar nuestra prisión, sino de salir de ella.

II. El Canto de la Perla

Otro ejemplo que hemos considerado interesante añadir al del buitrón, es el de un maravilloso texto gnóstico que ilustra lo que nos ocurre a todos nosotros, pobres mortales: *El Canto de la Perla,* conocido también como *Himno del Alma.*

En hebreo la perla, *Pnina,* conlleva la idea de interioridad, *Pniniut.* La búsqueda de la perla ya nos indica dónde debe realizarse la búsqueda del tesoro: en nuestro interior.

El argumento de este texto extraordinario nos habla de un joven[5] que es enviado por sus padres a la tierra de Egipto, para recuperar una perla preciosa que custodia una terrible serpiente. Cuando desciende a Egipto deja en su país su suntuosa túnica. Si logra realizar la hazaña que le ha sido confiada, regresará a su hogar con la preciosa perla, recuperará su túnica y heredará el reino. El paralelismo entre el descenso a Egipto, la caída de nuestros primeros padres y el nacimiento en este mundo es obvio; la relación entre la túnica que se queda en el otro mundo y el denominado «cuerpo de luz» no es tan evidente.

Dos guías o dos ángeles acompañan al joven hasta Egipto, pero no entran con él en esa tierra maldita. Cuando llega hasta la serpiente y se percata de su peligrosidad, ha de esperar a que ésta se duerma para poder arrebatarle su tesoro. En el transcurso de esta espera, se ve obligado a comer de la comida de los egipcios, lo cual le hace caer en un profundo sueño, en el que no sólo olvida sus orígenes, sino también el propósito de su viaje. Tal es el estado del hombre caído, un ser que ha olvidado quién es, de dónde viene, qué ha venido a hacer aquí y a dónde va. Este olvido es algo satánico, ya que es el principal obstáculo al que nos enfrentamos. La guematria de *Lishcoaj* (לשכוח), «olvidar», nos enseña la cábala, es 364. Se trata de la misma que la de

---

5. En algunas versiones se trata de una joven.

haSatan (השטן), «el Satán», uno de los nombres del diablo. El término *Satan* (שטן) significa en realidad «obstáculo», y el olvido es realmente un obstáculo que nos impide recordar quiénes somos. Superado este obstáculo, el recuerdo regresa como si hubiéramos bebido del elixir de la memoria del que habla Platón en *Fedro* (274d-275b). Los sabios lo comparan con el *solve*, con la purificación.

Cuando sus padres le hacen llegar una carta, recordándole quién es y por qué ha ido a Egipto, y nuestro personaje la lee, recupera la memoria y consigue hacerse con la perla. Esta carta es lo que se conoce como «el Mensaje», la revelación prodigiosa que constituye la base de todas las religiones verdaderas. Cuando nuestro personaje regresa a la casa de sus padres, recibe la suntuosa túnica y es acogido con todos los honores.

Nos encontramos en este relato con todos los elementos de la historia del alma humana: la caída, representada por el descenso a Egipto; la pérdida del cuerpo de luz, representado por la túnica; la comida contaminante, en la que reconocemos al fruto prohibido; el Mensaje eterno, que nos recuerda quiénes somos y qué vinimos a hacer a este mundo, representado por la carta de los padres y que corresponde a lo que se conoce como la *Torah*, y los honores con los que es recibido que evocan el misterio de la resurrección.

Cuando el joven de la historia emprende el camino de regreso a casa, lo que hace es atravesar la Puerta, para que se haga la unión, para que se realice la Unidad: se une (o se reúne) a su cuerpo de luz. Es lo que se conoce, como veremos más adelante, como *Teshuvah*. Éste es el secreto de la cábala, en hebreo el *Sod* (סוד), «misterio», «secreto». La guematria o valor numérico de esta palabra es 70 y, como nos enseñan los cabalistas corresponde a la de *Adam veJavah* (אדם וחוה), «Adán y Eva». Se trata de la unión del principio masculino y el principio femenino. Los cabalistas también nos enseñan que además de *Sod* (סוד), «secreto» tiene otro nombre: *Raz* (רז). La guematria de *Raz* (רז) es 207 y es la misma que la de *Or* (אור), «luz». En *Raz* (רז) también adivinamos una suerte de unión, la de la cabeza, representada por la letra *Resh* (ר) y la fuerza generativa, representada por la letra *Zain* (ז). Por otra parte, *Sod* (סוד) también significa «encalar», «blanquear», lo cual evoca al mercurio filosófico que, según Bernardo el Trevisano, servía para «blanquear el latón» y las vestiduras blancas, del cuerpo de luz.

Veamos ahora, a la luz de otro texto gnóstico, el *Evangelio según Tomás,*[6] y de la etimología hebrea, qué puede simbolizar la Puerta. Pero antes citemos un pasaje en el que se hace mención de nuestra perla (Log. 76):

El Reino del Padre se asemeja a un mercader poseedor de una fortuna, quien encontró una perla. Aquel mercader era inteligente, se desprendió de su fortuna, y compró para sí mismo la perla única. Vosotros mismos, buscad el tesoro de su rostro, que no perece, que perdura, el lugar donde ni la polilla se acerca para devorar ni el gusano destruye.

En este conocido apócrifo también podemos leer:

Muchos están delante de la Puerta, pero los solitarios penetrarán en la cámara nupcial. (Log. 74).

---

6. Véase *El Evangelio según Tomás*, colección Biblioteca Esotérica, Ediciones Obelisco, 6.ª edición, Barcelona, 2006.

En un logión anterior encontrábamos que:

Bienaventurados los solitarios y los elegidos, pues entrarán
en el Reino, pues han salido de él y de nuevo volverán a él.

¿Cuál es esta puerta de entrada al Reino, objeto de nuestra
búsqueda? ¿Quiénes son los «solitarios»? ¿Por qué sólo ellos
son capaces de entrar por ella? Tenemos tendencia a pensar
que el *monakos*, el «solitario», es el monje o el que está solo.
Nada más lejos de la verdad. ¡Nadie está menos solo! El
monakos es el que es uno con el Uno, el que ha realizado
la unidad en sí mismo. Y, como podemos deducir de las
palabras de este logión, el solitario y el elegido son lo mismo. A propósito de este tema, Louis Cattiaux nos decía con
gran lucidez:

Si deseamos que Dios nos elija en su reino, no nos olvide-
mos de elegirlo primero en nuestros corazones.[7]

Con todo, este «primero» puede resultar algo equívoco,
pues nuestra elección y la de Dios no se realizan en ámbito
de la dualidad y son algo simultáneo. No hay separación.
Los solitarios son los buscadores de la verdad, cuya búsqueda los aísla forzosamente de los asuntos de este mundo.
Respecto a qué es exactamente la puerta, aunque hagan
referencia a ella constantemente, los textos no son particularmente claros. Podemos ver que, en el *Evangelio según Tomás*,
por ejemplo, está asociada con el pozo,[8] lo cual no deja de ser

---

7. Véase *El Mensaje Reencontrado, op. cit.*, pág. 254.
8. Log. 74.

curioso ya que en muchas ocasiones el pozo simboliza algo más bien negativo. Pero hemos de pensar que, si bien caer en un pozo puede ser algo malo o negativo, salir de un pozo sería todo lo contrario. En hebreo *Ber* (באר) significa «pozo», pero también «fosa», «tumba», y se sale de la tumba para resucitar. La raíz *Boar* (באר), en la que encontramos dos letras de la palabra *Or* (אור), «luz», significa «esclarecer», «explicar». De ahí que Cattiaux sostenga que:

La verdad bien luce dentro del pozo, pero la entrada está cubierta de zarzas enredadas inextricablemente.[9]

La verdad que está dentro del pozo es el agua de la *Torah* que refresca y hace vivir al que la bebe. Las fastidiosas zarzas muchas veces están para impedir que se acerquen los indignos. «No hay rosa sin espinas», dice el proverbio.

Abraham Ibn Sahula, *Meshal haKadmoni,* 1281.

---

9. Véase *El Mensaje Reencontrado, op. cit.,* pág. 168.

Curiosamente existe en hebreo otra palabra para decir «pozo», «fosa», es *Shit* (שית), que también significa «fundamento». Escrita con otras vocales, se pronuncia *Shaiat* (שית) y significa «zarza», «espina», «cardo». ¿Acaso no escribía también Louis Cattiaux lo siguiente?

> No ignores tu fundamento y no lo desprecies cuando lo hayas reconocido.[10]

Los antiguos alquimistas sostenían que la vida reside en cierto «húmedo radical» que se encuentra en el fundamento del hombre. El hombre lo desprecia y éste se va gastando. Cuando ya no queda más, el hombre muere.

De nuevo, donde quizá se describa nuestra puerta con mayor precisión y claridad, sea en un versículo del *Mensaje Reencontrado* que dice:

> La puerta estrecha es como una ranura a ras de tierra; algunos bien la descubren, pero pocos hombres están suficientemente desnudos como para pasar por ella sin trabas.[11]

En este versículo creemos interesante destacar tres cosas:

1. Es una puerta estrecha.
2. Está a ras de tierra.
3. Pocos están suficientemente desnudos para pasar por ella.

---

10. Véase *El Mensaje Reencontrado, op. cit.*, pág. 349.
11. Véase *El Mensaje Reencontrado, op. cit.*, pág. 74.

III. Una puerta estrecha

Nuestra puerta es una puerta estrecha como lo es la salida del buitrón, como lo era Egipto, *Misraim* (מצרים), de la raíz *Tzar* (צר), «estrecho», para los israelitas que sufrieron «estrecheces».

Está a ras de tierra, como la tumba, *Kever* (כבר), para enseñarnos nuestra fragilidad y el valor de la humildad.

Para pasar por ella hay que estar desnudos, desnudos de ese yo que engorda al alma como el cebo engorda a los peces que cometieron la temeridad de entrar en el buitrón.

La misma idea aparecerá en otros textos bajo la forma del Rico, al que no se le permite entrar en el Reino de los Cielos: como los peces que se cebaron dentro del buitrón, está demasiado gordo. Es harto conocida en cábala la expresión *Bo bePetaj haTsar* (באו בפתח הצר), «Entrad por la puerta estrecha» o «Id por la puerta estrecha».

¿Cuál es esta puerta estrecha?[12] ¿A qué se parece? Los sabios nos dicen que es «el camino que lleva a la vida». Esta idea proviene de los comentarios clásicos al simbolismo de una de las letras que componen el Tetragrama, el Nombre de Dios, concretamente la última, la letra *He,* que la cábala asocia a la *Shekinah,* la presencia divina:

---

12. Este simbolismo, que va a ser ampliamente utilizado por otras tradiciones, tiene su origen en el Talmud, concretamente cuando se habla de la letra *He* (ה), pero lo encontraremos en los *midrashim,* e incluso en el *Zohar.*

Cuando observamos cuidadosamente la forma de esta letra nos parece ver a la izquierda una gran *Dalet* (ד), que nos está representando a una puerta (veremos más adelante que *Delet* (דלת) también quiere decir «puerta»), debajo de la cual podemos apreciar, a la izquierda, a una letra: *Iod* (י). Esta última letra, la más pequeña del alfabeto hebreo, que evoca por su pequeñez a la humildad, es precisamente la inicial el Tetragrama o Nombre de Dios.

Las *Otiot de Rabbí Akiva* nos regalan una deliciosa explicación a propósito de la letra *He:*[13]

> La *He* se asemeja a un vestíbulo, igual que el mundo, que es un vestíbulo lleno de puertas, y cuando alguien quiere abandonar el mundo siempre encuentra una puerta abierta ante sí. ¿Cómo es que la letra *He* tiene dos aberturas, una grande y una más pequeña? Porque cuando alguien vive con maldad abandonará el mundo por la puerta grande, pero si alguien quiere entrar por la estrecha puerta del arrepentimiento, siempre lo hará con mayor dificultad.

El valor numérico de la letra *He* (ה) es 5. El de la letra *Dalet* (ד) es 4 y el de la *Iod* (י) es 10, que podemos reducir a 1, y así, 4 + 1 = 5.

Nuestra puerta también es, como veremos más adelante, la *Torah*, que está formada por cinco libros, la carta o el mensaje que recibe el protagonista del *Canto de la Perla*, que lo despertará, le refrescará la memoria y le indicará el camino de regreso a casa, o incluso esa influencia espiritual conocida

---

13. Véase *El Alfabeto de Rabbí Akiva*, traducción de Neil Manel Frau-Cortès, Ediciones Obelisco, Rubí, 2017.

con el nombre de *Berajah*, «bendición». Se la conoce como la *He* (ה) de la bendición y se asocia con la última *He* (ה) del Tetragrama o Nombre de Dios. En el árbol sefirótico corresponde a la *sefirah* de *Maljut*, su valor numérico es 5, alude a los cinco dedos de la mano que bendice.

Los cabalistas hacen referencia a menudo a una letra *He* (ה) muy concreta: la que aparece en el relato de la creación, precisamente en el sexto día, el de la creación del hombre, *Iom haShishi* (יום הששי). El texto de *Génesis* (I-31) dice así:

ויהי-ערב ויהי-בקר, יום הששי

Y fue de tarde, y fue de mañana, el sexto día.

Comentando este versículo, el Talmud de Babilonia (*Shabbat* 88a) nos explica por boca de Resh Lakish que el Santo, bendito sea, puso una condición a la creación. Dijo a sus criaturas: «Si Israel acepta la *Torah*, existiréis, si no os enviaré al caos».

¿Qué tiene que ver esto con la letra *He* (ה)? Los sabios nos enseñan que la respuesta se encuentra en la forma de la letra, ampliamente abierta hacia abajo y con una pequeña abertura hacia arriba. Esta abertura superior es el camino de la *Torah*, la «puerta estrecha», mientras que la inferior, la ancha, es el camino de la perdición, del caos.

Cuando el Talmud sostiene que «Si Israel acepta la *Torah*, existiréis», en realidad nos está diciendo «Si el alma acepta la *Torah*» o, si lo preferimos, «Si el alma elige a la *Torah*». Porque el destino de todo hombre pasa por aceptar la vida o escoger la muerte.

Para acceder a esta «puerta estrecha» es necesario ir «ligero de equipaje»: hay que poder elevarse hasta ella. La alternativa es caer por la puerta ancha, la de abajo. Esta última se rige por la gravedad, mientras que la primera lo hace por la gracia.

Rashi, el gran comentarista provenzal, también nos explica que si la letra *He* está abierta por abajo y tiene una pequeña rendija arriba, es «porque los hombres inevitablemente descienden hacia la muerte», «que los malvados acabarán por caer» y que la rendija de arriba es «la puerta de la penitencia (*Teshuvah*)»[14] por la que se puede ascender y salir. Vemos claramente que el sabio comentarista no se refiere al pueblo de Israel en exclusiva, sino a todos los hombres, al alma de todos los hombres. Esta rendija es «la puerta estrecha». *Petaj ha Tsar* (פתח הצר), la «puerta estrecha», expresión cuya guematria es 783, ha sido relacionada con la famosa «piedra de fundación», en hebreo *Eben haShetiah* (אבן השתייה), que tiene la misma guematria.

$$\text{פתח} = 488$$
$$\text{הצר} = 295$$

$$783$$

$$\text{אבן} = 53$$
$$\text{השתייה} = 730$$

$$783$$

---

14. O de la conversión, ya que esta palabra significa también «conversión». El término «penitencia», que en realidad deriva de *paenitere*, que literalmente sería «estar apenado», ha adquirido con el tiempo un sentido peyorativo.

Para conocer o reconocer esta piedra, es imprescindible la pureza de corazón, simbolizada por la desnudez. También Louis Cattiaux escribía:

> Muchos han sido quebrados a causa de la impureza de sus corazones que les ha impedido reconocer la piedra de fundación plantada en tierra.[15]

Este sexto día, *Iom haShishi* (יום השישי), tiene que ver con el exilio en Egipto. El día siguiente, el *Shabbat*, se asocia con la salida de la esclavitud egipcia, o sea con la salida de «lo cerrado» si tomamos las palabras de Cervantes. Curiosamente, la guematria de *Iom haShishi* (יום השישי) es 671, como la de *Eretz Misraim* (ארץ מצרים), la «Tierra de Egipto».

IV. La puerta de la fe

El *Tzaddik* vive gracias a su *Emunah* (אמונה), nos enseña el libro de *Habacuc* (II-4):

וצדיק, באמונתו יחיה

Y el *Tzaddik* vive por su fe.

Los cabalistas nos enseñan que podemos relacionar la «puerta estrecha» con la *Emunah* (אמונה), la fe, y que se alude a ella en *Salmos* (CXVIII-20):

---

15. Véase *El Mensaje Reencontrado, op. cit.*, pág. 273.

זה השער לה' צדיקים יבואו בו

Ésta es la puerta del Eterno. Por ella entrarán los *Tzaddikim*.

Si calculamos la guematria de *Emunah* (אמונה), vemos que es 102, y que coincide con la denominada guematria *Atbash* de *haShaar* (השער), «la puerta».

$$\begin{array}{rcl}
\text{א} & = & 1 \\
\text{מ} & = & 40 \\
\text{ו} & = & 6 \\
\text{נ} & = & 50 \\
\text{ה} & = & 5 \\
\hline
& & 102
\end{array}$$

$$\begin{array}{rcl}
\text{ה} & = & 90 \\
\text{ש} & = & 2 \\
\text{ע} & = & 7 \\
\text{ר} & = & 3 \\
\hline
& & 102
\end{array}$$

Los *Tzaddikim* son aquellos que se han dado la vuelta, que han hecho *Teshuvah* (תשובה).

V. *Darse la vuelta*

Para dejar la puerta ancha y dirigirse a la estrecha, es necesario seguir el proceso que recibe el nombre de *Teshuvah* y que, además de por «arrepentimiento», se suele traducir por «conversión». La palabra *Teshuvah* (תשובה) procede de la raíz *Shuv* (שוב), «darse la vuelta». Como ya señaló Louis Cattiaux:[16]

> Hemos de convertirnos, es decir darnos la vuelta y, en vez de mirar hacia el exterior donde se dispersa el pasado, contemplar el interior donde reposa el eterno Presente de la vida.

Es cierto que, en nuestra época, muy poca gente se hace preguntas metafísicas, o simplemente busca una explicación a su situación vital. Es cierto que algunos nos pasamos la vida en busca de respuestas, pero estas respuestas nunca llegan o, cuando sí lo hacen, no resultan del todo satisfactorias. Los sabios nos explican que está muy bien buscar respuestas, pero hay que saber dónde buscarlas, y muchas veces la respuesta ya se encuentra en la misma pregunta, como ocurre por otra parte con algunos problemas matemáticos.

En hebreo «respuesta» también se dice *Teshuvah* (תשובה). La guematria *Raguil* de esta palabra es 713. Este número ha llevado a los cabalistas a la conclusión de que hay que volverse con fe hacia la *Torah*. La guematria de esta palabra es 611 y la de fe, *Emunah* (אמונה), es 102. Sumando estas dos cifras obtenemos 713. Todas las respuestas están en la *Torah*, con la condición de que la interroguemos y la estudiemos con fe, *Emunah* (אמונה). La fe, *Emunah* (אמונה), hace crecer nuestra *Torah*, y nuestro estudio de la *Torah* hace crecer nuestra fe. De ahí el conocido consejo cabalístico que dice: «Si no tienes fe, estudia».

---

16. Véase *El Mensaje Reencontrado, op. cit.*, pág. 154.

VI. El guardián de las puertas de Israel

En hebreo, el dintel de las puertas se llama *Mezuzah* (מזוזה).
En la jamba derecha, arriba, como si fuera a la altura del es-
pacio en blanco de la letra *He* (ה), «la puerta estrecha», se
coloca una caja que contiene un pergamino que se conoce
también como *Mezuzah* (מזוזה), cuyo objetivo es proteger
a los habitantes de la casa, como se protegieron los judíos
cuando Dios envió a Egipto la décima plaga. En este pergamino está escrito el *Shemá*, la profesión de fe de Israel.

¿De dónde procede el extraordinario poder protector de
la *Mezuzah* (מזוזה)? En primer lugar, de que en la parte
externa de la *Mezuzah* (מזוזה) aparece escrita la palabra
Shaddai (שדי), un poderoso Nombre de Dios que cumple
las funciones de guardián, o al menos la letra *Shin* (ש),
inicial de *Shaddai* (שדי). Que la guematria de *Shaddai*
(שדי) sea 314 y coincida con la de *Rajok* (רחוק), «lejos»,
nos indican su poder para alejar el mal de la casa en la que
se halla la *Mezuzah* (מזוזה). Por otra parte, la raíz *Shed*
(שד) significa «demonio», y la raíz *Dai* (די) significa «bas-
ta», «es suficiente».

El *Zohar* (III-251b) nos enseña que «la *Mezuzah* ahu-
yenta a las sombras y los demonios que están en la entrada
(de la casa)». Por otra parte, los sabios nos descubren que
las tres letras que componen la palabra *Shaddai* (שדי) son
un acróstico de *Shomer Delatoth Israel* (ישראל דלתות שומר),
«Guardián de las puertas de Israel».

ידש

Pero vayamos a la guematria de la palabra *Mezuzah* (מזוזה), que es 65 y coincide con la guematria de *Adonai* (אדני). El nombre *Adonai* (אדני) también es un Nombre de Dios extraordinariamente protector. Por otra parte, la raíz *Zuz* (זוז), o sea las tres letras interiores de *Mezuzah* (מזוזה), significa «irse», «moverse», enseñándonos que la *Mezuzah* (מזוזה) exhorta a las fuerzas negativas a irse.

Tanto en *Shaddai* (שדי) como en *Adonai* (אדני) nos encontramos con las letras *Iod* (י) y *Dalet* (ד), que forman la palabra *Iad* (יד), «mano». Como ocurre con la *Jamsa*, la *Mezuzah* se comporta como una mano que parece decir a las fuerzas malignas «*stop*», «hasta aquí», «no se puede pasar».

Otra curiosidad de la *Mezuzah* (מזוזה) es que el texto que contiene está constituido por exactamente 22 líneas, coincidiendo obviamente con las 22 letras del alfabeto. Pero 22 es también la guematria de *BeIado* (בידו), «con su mano».

La *Mezuzah* aleja el mal, pero bendice al bien, como podemos deducir de su guematria *Millui* o completa, que es 232, o sea, la misma que la de *haBerajah* (הברכה), «la bendición».

La *Mezuzah* (מזוזה) se puede relacionar asimismo con la *Teshuvah* (תשובה), «el arrepentimiento» o «la conversión», ya que la guematria de esta palabra es 713, y la *Mezuzah* (מזוזה) contiene exactamente 713 letras. Así, el poder de alejar o de romper con lo negativo, de darle la vuelta, que tiene la *Teshuvah* (תשובה) lo reencontramos en la *Mezuzah* (מזוזה).

Cuando calculamos la guematria *Millui* o completa de *Teshuvah* (תשובה), encontramos que es 1186. Este número es la guematria de *Shaar ha Torah* (שער התורה), «La puerta de la *Torah*». La *Teshuvah* es la puerta de la *Torah*.

El plural de *Mezuzah* (מזוזה) es *Mezuzot* (מזוזות), palabra cuya guematria es 466 y que coincide con la de la expresión *Or ha Tzaddikim* (אור הצדיקים), «Luz de los justos».

El *Zohar* se refiere a la *Mezuzah* (מזוזה) en numerosos pasajes.

En uno de los más conocidos (III-264a) podemos leer:

> Cuando el hombre fija una *Mezuzah* a su puerta, cuando entra en su casa, la Mala Inclinación y el demonio lo protegen a pesar de sí mismos y dicen, «ésta es la puerta del Eterno, por ella entrarán los justos» (*Salmos* CXVIII-20). Cuando no hay *Mezuzah* en la entrada de la casa de un hombre, la Mala Inclinación y ese demonio se juntan y ponen sus manos sobre su cabeza cuando entra y comienzan a decir, «¡Ay de fulano que salió del dominio de su Señor!». Desde ese momento en adelante ya no está protegido y no hay nadie que lo proteja. Que el Misericordioso nos salve.

El *Zohar* (I-257 a) nos enseña que:

> A la *Shekinah* se la llama *Mezuzah* desde el punto de vista de la columna central.

La guematria *Sderti* u ordinal de *haShekinah* (השכינה), «la *Shekinah*», es 66, y curiosamente coincide con la guematria de *Mezuzah* (מזוזה), 65, añadiéndole 1 por el *Kollel*.

Si sumamos 65, o sea la guematria de *Mezuzah* (מזוזה), con 22, o sea las líneas que la componen, con 713, o sea las letras que la forman, y 170, las palabras que la conforman, obtenemos el número 905, que es la guematria de la expresión *Berajah Merubah baBait haZe* (ברכה מרבה בבית הזה), «Bendición abundante para esta casa», una conocida expresión que podemos encontrar, por ejemplo, en la *Haggadah de Pesaj*.

VII. *Ocuparse con* Teshuvah

Como sostenía el sabio rabino Iosef Itzjak Schneersohn, «*Teshuvah* es algo mucho más que "arrepentimiento", mucho más que "abrir una nueva página" y lograr el perdón por los pecados del pasado. Es el poder de regresar al propio pasado para rectificar sus fracasos y reivindicar sus oportunidades perdidas». De este modo, la *Teshuvah* se nos presenta como un viaje, como el viaje de regreso a casa por parte del alma, que ha decidido dejar este bajo mundo y volver a su verdadero hogar. Tenemos la idea, por lo demás errónea, de que se hace de repente, un poco como el que decide coger un taxi. Pero no es exactamente así.

Dicen los rabinos del Talmud (*Shabbat* 153 a) que «la persona debería ocuparse con *Teshuvah* toda su vida». Los comentaristas dicen que si *Teshuvah* únicamente fuera «arrepentimiento», ¿qué necesidad tendría uno de arrepentirse cuando uno ya se ha arrepentido anteriormente? Si ya te arrepentiste el lunes, ¿por qué deberías hacerlo de nuevo el martes? Se trataría más bien de una orientación, de un enfocarse en lo interior, prescindiendo de los espejismos de lo exterior, con el fin de limpiar, de blanquear, nuestra alma. Como comentando el libro del *Eclesiastés* (IX-8) que dice:

En todo momento tu ropa debe ser blanca, y el aceite no estará ausente de tu cabeza.

El Talmud hace hincapié en que hemos de estar preparados en todo momento para el momento de la muerte, por eso «la persona debería ocuparse con *Teshuvah* durante toda su vida».

Contemplado desde esta perspectiva, hacer *Teshuvah* es mucho más que arrepentirse: es devolver el alma a su fuente, llevarla de regreso a su casa. De esto es de lo que debería ocuparse una persona durante toda su existencia, «en todo momento».

La guematria *Millui* de *beKol Et* (בכל-עת), «en todo momento», es 1122. Los cabalistas nos explican que este número es el resultado de sumar la guematria de la primera *sefirah, Keter*, con la de la última, *Maljut*. De este modo, *beKol Et* (בכל-עת) correspondería a toda la manifestación del árbol sefirótico, a toda la creación, a la totalidad del alma, al camino de regreso que comienza en la Puerta, *Maljut*, hasta la Corona, *Keter*.

También en el relato de la creación podemos encontrar la expresión *beIom ha Shlishi*, (ביום השלישי), «al tercer día». Para los cabalistas esto nos enseñaría que la *Teshuvah* tiene lugar «al tercer día». Pero ¿de qué tercer día estamos hablando si el tercer día de la creación parece pertenecer al pasado y la *Teshuvah* es algo que hemos de hacer en el presente? ¿Qué relación tiene con la *Teshuvah*? El valor numérico de la expresión *beIom ha Shishi*, (ביום השלישי), «al tercer día», es de nuevo 713, el mismo que el de *Teshuvah*. Probablemente los cabalistas no se estén refiriendo al tercer día de la creación, sino al tercer día después de la muerte, ya que hay cultos religiosos que no permiten que sus muertos sean enterrados antes del tercer día.

VIII. *Dándole vueltas a la* Torah

Afirma una superstición popular que cuando nos ponemos una prenda de ropa al revés hacemos que llueva. Es algo que todos podemos probar y con toda probabilidad no caerá ni una gota de agua. ¿Qué ocurre? ¿Nos están tomando el pelo o esta afirmación alude a algo secreto? Lo que sucede es que la explicación de esta superstición pertenece a lo simbólico, no a lo literal. Basándonos en la *Torah* encontraremos que hay una relación entre el darse la vuelta y la lluvia, imagen de la bendición, y la misma *Torah*.

El cabalista sefardí Rabbí Jacob Abujatsira, apoyándose en la guematria de *haTeshuvah* (התשובה), 718, que es la misma que la de *Limud Torah Tov* (לימוד תורה טוב), «El estudio de la *Torah* es bueno», deduce que el estudio de la *Torah* es «bueno» por algo muy concreto. ¿Por qué? Porque despierta y hace crecer la luz del alma. El estudio de la *Torah* sirve para avivar el recuerdo.

¿En qué consiste el estudio de la *Torah*?, ¿en memorizarla, como se suele hacer? Nada más lejos de la realidad. Esencialmente consiste en darle la vuelta. Cuando se le ha conseguido dar la vuelta, ocurre el milagro: llueve.

Leemos en *Deuteronomio* (XXXII-2):

יערף כמטר לקחי

Caiga a gotas como la lluvia mi doctrina.

Rabbí Berekía (*Bereshit Rabbá* XIII-14) lo interpretaba así: «en cuanto las criaturas se quiebran la nuca (ערף) (por la *Teshuvah*), la lluvia cae».

Nuestro sabio rabino se apoya en un ingenioso juego de palabras basado en la raíz *Ayin, Resh, Fe* (ערף). «Caer a gotas», «distilar» es, en hebreo, *Arof* (ערף). *Arof* está compuesto de las mismas letras de *Oraf* (ערף), «nuca», «occipucio». La guematria de ambas palabras, 350, es la misma. ¿Por qué se está comparando a la *Torah* con el agua de la lluvia?

En muchas ocasiones, cuando la *Torah* habla de «lluvia», se está refiriendo a otra cosa, a algo representado por la lluvia. Se trata siempre de algo que vivifica, que da vida. Es bien sabido que el agua de la lluvia, mucho más que el agua corriente de nuestros grifos, ayuda a las plantas a crecer. Por otra parte, porque uno de los objetivos del estudio de la *Torah* es que nos impregnemos de ella, y también porque el estudio de la *Torah* sirve para despertar la memoria, y el agua se asocia con la memoria.

Los cabalistas también han relacionado el versículo de *Deuteronomio* con la guematria. Si calculamos la guematria *atbash* de *Iarof KaMatar Likji* (יערף כמטר לקחי):

$$יערף = 56$$
$$כמטר = 93$$
$$לקחי = 124$$

$$\overline{}$$

$$273$$

Se trata de la guematria de la palabra *Guematria* (גימטריא):

ג	=	3
י	=	10
מ	=	40
ט	=	9
ר	=	200
י	=	10
א	=	1

$$273$$

Esta enseñanza comparable a la lluvia es la guematria porque con ella ocurre como con el agua del cielo, que hace crecer y florecer a aquellos que la reciben. Evidentemente no se trata de la lluvia que conocemos, sino de una cierta lluvia asociada con el Tetragrama. Si a la guematria *Raguil* de *KaMatar* (כמטר), «como la lluvia», 269, le añadimos 4, por las cuatro letras del Tetragrama, obtenemos de nuevo 273, la guematria de *Guematria* (גימטריא).

Ha sido escrito: «cuando gotean de las nubes, gotean sobre los hombres en abundancia» (*Job* XXXVI-28), y ha sido dicho: «mandó a las nubes de arriba, y abrió las puertas de los cielos» (*Salmos* LXXVIII-23). Para el cabalista Iosef Gikatilla, «El secreto que encierran todos estos asuntos está contenido en: "Desatad, cielos, de arriba, y las nubes derramarán justicia; ábrase la tierra, y fructifíquense la salud y la justicia; hágase producir juntamente. Yo, el Eterno, lo he creado"», palabras que encontramos en *Isaías* (XLV-8).

IX. *La princesa de la torre*

Uno de los pasajes más conocidos y también uno de los más bellos del *Zohar* (II-99a) nos describe a la *Torah* como una hermosa joven que está prisionera u oculta en una torre. Este misterio lo volveremos a encontrar en los cuentos de hadas tradicionales con algunas modificaciones. Pensamos particularmente en la historia de Rapunzel o incluso en la de Segismundo en *La vida es sueño*.

Pero volvamos a la princesa del *Zohar*, que se ha comparado con la *Torah*, la *Shekinah* exiliada, e incluso la *Neshamah*, el alma. Su enamorado da vueltas y vueltas alrededor de ésta, esperando con gran fe tener alguna visión fugaz de su esplendor a través de una grieta de la puerta o de la pared. En alguna ocasión ya lo ha conseguido, y esto le ayuda a seguir adelante. Magnífica lección para el buscador que ha tenido algún destello de la verdad, algo que alimenta su fe para perseverar en las tinieblas de su búsqueda. El texto dice así:

> ¿A qué se parece esto? A una amada, en referencia a la *Torah*, que es bella en su aspecto y bella en su talante. Y ella se oculta dentro de su palacio.

> Ella sabe que he aquí que su amado merodea siempre por la puerta de su casa. ¿Qué hace ella? Abre una pequeña puerta en ese Palacio en el que ella se oculta allí, y revela su rostro a su amado, e inmediatamente retorna y se oculta. Todos aquellos que se encontraban con el amado, no ven ni observan, con la excepción exclusiva del amado. Y sus entrañas y su corazón y su alma marchan tras ella,

y sabe que debido al amor con el que lo ama se le revela un instante para despertar el amor en él.

Esta «pequeña puerta», de nuevo, es la puerta estrecha. La imagen recuerda sobremanera al polluelo que abre un pequeño agujero en el huevo como para decir «estoy aquí». Fijémonos bien en que aquellos que se encuentran junto al enamorado no ven nada: sus ojos no buscan el encuentro con los de la amada. Ello quiere decir que en la *Torah* hay versículos/puertas que probablemente nos hablarían si nos fijáramos en ellos. También nos enamorarían.

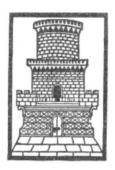

Como el enamorado, también nosotros hemos de dar «vueltas y vueltas» alrededor de la *Torah* si queremos penetrar en sus misterios y degustar su meollo. Pero, como nos enseñan los sabios, quizá ahorremos tiempo y desengaños si nos dejamos llevar por nuestro corazón y nos dirigimos a aquellos pasajes con los que nos sentimos más en resonancia, aquellos versículos/puertas que, por una razón u otra «nos hablan».

A propósito de todo esto, es sumamente interesante recordar una enseñanza que podemos encontrar en los *Pirké Avoth* (V-19):

בן בגבג אומר, הפוך בה והפך בה, והגי בה דכולא בה, ובה
תחזי, סיב ובלי בה; ומינה לא תזוז, שאין לך מידה טובה

Ben Bag Bag decía: gírala y vuélvela a girar (la *Torah*), porque
en ella está todo; contémplala, envejece y consúmete en ella,
pero no te alejes, porque no tendrás parte mejor.

Middah Tovah (מידה טובה), que suele traducir como
«parte mejor» puede entenderse también como «buena medida», en el sentido de «buena costumbre». Dar la vuelta a
la *Torah* es, sin duda alguna, la mejor de las costumbres.

Leemos en el Talmud (*Avodah Zarah* 19 a) que Rab ex-
plicaba que:

> …un hombre ha de estudiar únicamente los textos de la
> *Torah* que placen a su corazón, ya que ha sido dicho "más
> encuentra su placer en la *Torah* del Eterno".

En efecto, hay versículos con los que sentimos una afi-
nidad especial y que son para nosotros como una puerta
por la cual penetrar en el Jardín de la *Torah*. El «placer» o el
«deleite» que encontramos en ellos se desprende precisamente de ese Jardín cuyo aroma «se cuela» por esa puerta
que es el versículo.

No es casual, como veremos, que *Delet* (דלת) signifique:
«puerta», «verso», «versículo». ¿Por qué la *Torah* o, al menos, algunos versículos de la *Torah* «placen al corazón»? La
respuesta de los cabalistas es que la *Torah* comienza por
la letra *Beth* (ב) y acaba por la letra *Lamed* (ל), que conforman la palabra *Lev* (לב), «corazón». La guematria de *Lev*
(לב) es 32, y si sumamos 3 y 2 obtenemos 5, lo cual alude
a los cinco libros de la *Torah*.

Si tomamos al pie de la letra la cita de *Pirké Avoth*, aquello que podemos encontrar en la *Torah* es algo llamado «todo» —en arameo *Kulah* (כולא) y en hebreo *Kol* (קול)—, y para hallarlo hemos de «dar la vuelta» a la *Torah* (תורה). La guematria de *Kol* (קול) es 50. Si sumamos 5 y 0, obtenemos 5, lo cual alude de nuevo a los cinco libros de la *Torah*.

«Dar vueltas a la *Torah*» alude evidentemente a la costumbre de leer una porción del texto sagrado o *Parashah* cada semana hasta completar su lectura en el período de un año; sin embargo, la idea de «dar vueltas», incluso en catalán, *donar voltes*, significa también «meditar», «reflexionar», «intentar resolver un problema». Tal es, por otra parte, el sentido de un poco usitado verbo catalán: *cabalar*. En esta antigua palabra hay toda una enseñanza.

Al referirse a la *Torah* como «ella», el texto de los *Pirkei Avoth* utiliza la palabra *Ba* (הב), cuya guematria es 7.[17] Este número se relaciona con el séptimo día de la semana, el *Shabbat*,[18] un día que se ha de dedicar al estudio de la *Torah*.

$$ב = 2$$
$$ה = 5$$
$$\overline{}$$
$$7$$

---

17. ¿Será ésta la razón por la cual en *Simjat Torah* se dan 7 vueltas con el *Sefer Torah*? También podemos leer *Ba* (בה) como «en 5», ya que *Beth* (ב), significa «en» y el valor numérico de *He* (ה) es 5, aludiendo a los 5 libros que componen la *Torah*.

18. Existe también la costumbre cabalística de dar vueltas alrededor de la mesa de *Shabbat* con ramas de mirto en las manos: por las expresiones de *Zajor* (recuerda) y *Shamor* (cuida) enunciadas en los Diez Preceptos respecto del *Shabbat*.

Si calculamos la guematria *Shemi* o completa de *Kol* (קול), vemos que es 174:

$$כ = 100$$
$$ל = 74$$
$$\overline{}$$
$$174$$

Si le «damos la vuelta» no a la *Torah* (תורה) sino a la guematria de *Torah* (תורה), o sea si calculamos su guematria *Atbash*, descubrimos que también es 174:

$$ת = 1$$
$$ו = 80$$
$$ר = 3$$
$$ה = 90$$
$$\overline{}$$
$$174$$

¡Le hemos dado la vuelta a la *Torah*!

La *Torah* es mejor que la plata y el oro.[19] Si sumamos la guematria de *Tzahav* (זהב), 14, «oro», y la de *Kesef* (כסף), «plata», 160, también obtenemos 174.

$$זהב = 14$$
$$כסף = 160$$
$$\overline{}$$
$$174$$

---

19. Véase *Proverbios* (X-8).

Oro y plata aluden al rigor y a la misericordia, enseñándonos que la *Torah* está por encima de las dualidades. Podemos relacionarlos con los dos nombres de Dios principales, *IHVH*, que se lee *Adonai*, y *Elohim*. Por otra parte, se dice que el dios Jano, el dios de las puertas, tenía dos llaves, una de plata y otra de oro.

Los cabalistas nos enseñan que 174 es también de la guematria de «*Adonai* es el *Elohim*» (אדני הוא האלוהים):

$$אדני = 65$$
$$הוא = 12$$
$$האלוהים = 97$$
_____
$$174$$

X. Sandalfón, el encargado de las llaves

El *Sefer haRaziel*, el *Zohar* y otros textos cabalísticos nos hablan de un ángel denominado Saldalfón que presenta curiosas similitudes con el dios Jano, el dios de las puertas. Está además íntimamente relacionado con las vestiduras de luz o «cuerpo glorioso» de las que hablábamos al comentar *El Canto de la Perla*. En su libro *Sefer Jaiei HaOlam Habá*, Abraham Abulafia nos descubre que la guematria de su nombre coincide con la de *Guf sheLo Vipased*, «El cuerpo que no es corrupto».

En una pequeña joya de la literatura cabalística, el *Sefer haHashmal* de Iosef Gikatilla, podemos leer:[20]

_____

20. Véase Iosef Gikatilla, *Sefer Sod ha Najash y Sefer haHashmal*, pág. 93 y 94, Ediciones Obelisco, Rubí, 2023.

el gran ángel cuyo nombre es Sandalfón[21] es el que está a cargo de las dos llaves de los dos nombres que son *IHVH Adonai* que forman *Iadonehi*, y él abre las puertas de la justicia, y ya sabías que *Adonai* es el final de la oración y ciertamente viene a apegarse al nombre de *Adonai* y sólo él debería abrirle las puertas, y si no se abren, su oración se pospone, y por eso está escrito: «Ábreme las puertas de la justicia, etc.»,[22] y está escrito «Alzad, oh puertas, etc.»,[23] y cuando el que precede y reza de noche no tiene fuerzas para abrirle las puertas de noche está solo, y éste es el encargado llamado «rayo» que guarda la oración hasta que llegue el momento de la apertura de las puertas de la justicia, que las llaves sean entregadas por Sandalfón según la oración de muchos siempre se escucha y la oración del individuo tiene retrasos y la vocaliza y se opone a ella, a propósito de esto se volvió hacia la oración llorando y no en ella su oración, su oración no está en ella, pero la única tiene un obstáculo. Y una persona tiene que reflexionar en lo que está escrito y los contó en Bezek.[24]

Sandalfón se asocia con la *sefirah Maljut*, asociada a su vez con la puerta, concretamente con la puerta por la que pasan las oraciones de los hombres. Según el Talmud (*Haguigah* 13b), la cabeza de Sandalfón llega hasta el cielo. En el *Zohar* (I-167b) lo define como:

---

21. A propósito de este ángel, véase *Zohar* I-167 b, página 30 de nuestra edición.
22. Véase *Salmos* CXVIII-19.
23. Véase *Salmos* XXIV-7.
24. Véase a *Samuel* XI-8.

ese ángel encargado sobre las plegarias de Israel es llamado Sandalfón, y él toma todas las plegarias y hace de ellas una corona para el Viviente de los Mundos, y esto ha sido explicado.

Y también en el *Zohar* (II-202b)[25] se dice que es:

el máximo y principal encargado en cuyas manos están las llaves de su Amo.
Él introduce esa plegaria al interior de los «siete Palacios».

La guematria de Sandalfón (סנדלפון), 280, es la misma que la de *Or haJaiim*, «La luz de la vida» (אור החיים).

XI. La Puerta del Jardín

En un artículo publicado en la revista *La Puerta*[26] dedicado a la humildad, ya destacamos la relación etimológica entre esta virtud y el suelo (*humilitas-atis* procede de *humus-i*, «tierra», «suelo»), señalando que *humilis-e* es un adjetivo latino que significa precisamente «a ras de tierra». De esta misma raíz procedería la palabra *humitas*, «humedad», e incluso la palabra «hombre». Una de las características de la vida en este bajo mundo, la vida profana, es que consume indefectiblemente lo que los alquimistas denominaban el

---

25. Véase *Zohar* II-202b, vol. XVI, página 96 de nuestra edición, Barcelona, 2013.
26. Número dedicado al sufismo, Ediciones Obelisco, Barcelona, 1988, págs. 66-69.

«húmedo radical»: nos va secando, impidiéndonos germinar. ¿No vemos que los bebés están mucho más «húmedos» que los ancianos?

Al parecer, para poder entrar por nuestra misteriosa puerta hay que ser humilde y, sobre todo, no estar seco. Los ricos, al menos simbólicamente, están gordos y tienen el corazón seco: esto es lo que les impide atravesar la puerta estrecha. Los alquimistas decían que «lo semejante atrae a lo semejante», y si nuestro húmedo radical se ha secado no podemos atraer a nosotros la ayuda divina que nos ayudará a salir.

Un conocido pasaje del *Tanaj* nos lo ilustra: el de la viuda de Ovadia.

«Humedad», en hebreo, es *Retivot* (רטיבות), palabra relacionada con *Retivah* (רטיבה), «verdor», de la raíz *Ratav* (רטב), «mojado». La guematria de *Ratav* (רטב) es 211, la misma que la guematria *Millui* de *Torah* (תורה).

«Humildad» es *Anutnot* (ענותנות). Cuando calculamos la denominada guematria *Ofanim* de esta palabra, nos encontramos de nuevo con el número 174.

Por otra parte, según el hermetista Nicolás Valois, «la humildad es la Puerta del Jardín de los Filósofos». También sería, para otros autores, la llave de las Escrituras, a las que muchos comparan con un jardín cerrado. Todos los comentaristas coinciden en que si Moisés recibió la *Torah* fue porque se trataba del «más humilde de los hombres».

El jardín, por otra parte, se refiere a la *Torah*, simbolizada por la novia en *Cantar de los Cantares* (IV-12):

גן נעול, אחתי כלה

eres un jardín cerrado, hermana y novia mía.

A propósito de la puerta estrecha, la puerta de la torre o la puerta del jardín, escribía René Guénon:[27]

Este punto central, por el cual se establece, para el ser humano, la comunicación con los estados superiores o «celestes», es también la «puerta estrecha» del simbolismo evangélico, y se puede desde ahora comprender lo que son los «ricos» que no pueden pasar por ella: son los seres atados a la multiplicidad, y que, por consecuencia, son incapaces de elevarse del conocimiento distintivo al conocimiento unificado. Este vinculamiento (o atadura), en efecto, es directamente contrario al desligamiento (o desvinculamiento) que ha sido cuestión más atrás, como la riqueza es contraria a la pobreza, y encadena el ser a la serie indefinida de los ciclos de manifestación.[28] El vin-

---

27. Véase *Sobre Esoterismo Islámico y Taoísmo* (Cap. 4), Ediciones Obelisco, Barcelona, 1992.
28. «Es, dice Guénon, el *samsara* búdico».

culamiento a la multiplicidad es también, en un cierto sentido, la «tentación Bíblica», que, haciendo gustar al ser el fruto del «Árbol de la Ciencia del bien y del mal», es decir, del conocimiento dual y distintivo de las cosas contingentes, le aleja de la unidad central original y le impide alcanzar el fruto del «Árbol de la Vida»; y es por ahí, en efecto, que el ser está sometido a la alternancia de las mutaciones cíclicas, es decir, al nacimiento y a la muerte. El recorrido indefinido de la multiplicidad es figurado precisamente por las espiras de la serpiente enrollada alrededor del árbol que simboliza el «Eje del Mundo»: es el camino de los «extraviados».

En sus *Símbolos fundamentales de la ciencia sagrada*,[29] este autor escribía:

Varias veces, en nuestras obras, hemos aludido al simbolismo de Jano; para desarrollar completamente este simbolismo, de múltiples y complejas significaciones, y para señalar todos sus vínculos con un gran número de figuraciones análogas que se encuentran en otras tradiciones, haría falta un volumen entero.

Por esta razón, únicamente vamos a dar algunas pinceladas sobre el simbolismo de este dios al que forzosamente hemos de asociar con *Ianua*, «puerta». Dios de los comienzos y los finales en la mitología romana, o sea de las entradas y de las salidas, *Janus* o *Jano* tenía consagrado el

29. *Símbolos fundamentales de la ciencia sagrada*, Editorial Eudeba, Buenos Aires, 1969.

mes de enero, el primer mes del año, considerado «la puerta del año».

Se le representaba con dos caras, que miraban cada una hacia un lado. Una hacia el pasado, el año que acababa de pasar, y otra hacia el futuro, el año que justo comienza. De alguna manera tiene que ver con el transcurrir del tiempo. En su tratado sobre los *Fastos*, Ovidio caracteriza a Jano como aquel que en compañía de las Horas custodia las puertas del cielo.

Jano es padre de Fontus, dios de las fuentes, cascadas y pozos.[30] Su simbolismo zodiacal ha sido especialmente estudiado por René Guénon, que escribía en sus *Estudios sobre la Francmasonería y el Compañonage* (II-Cap. VI):

> En la Roma antigua, los *Collegia fabrorum* tributaban un culto especial a *Jano*, en cuyo honor celebraban las dos fiestas solsticiales, correspondientes a la apertura de las dos mitades ascendente y descendente del ciclo zodiacal, es decir de aquellos puntos del año, que, en el simbolismo astronómico al cual ya nos hemos referido, representan las puertas de las dos vías celestial e infernal (*Janua Coeli* y *Janua Inferni*).

Como hemos visto, las dos caras de Jano se han asociado también al pasado, la que mira hacia la izquierda, y al futuro la que mira hacia la derecha. Izquierda y derecha simbolizan a las dos tendencias del hombre: la Mala Inclinación y a la

---

30. Señalemos de pasada que el simbolismo del pozo equivale en muchas ocasiones al de la puerta, como queda patente en el logión del *Evangelio según Tomás* que citamos al principio de este trabajo.

Buena Inclinación, algo que, fuera del judaísmo, acabará degenerando en un concepto moral: el vicio y la virtud.

Jano es el *Ianitor*, o sea el portero.[31] Considerado la deidad de la iniciación, poseía dos llaves, una de oro y otra de plata; la llave de oro representa el poder espiritual y la de plata el poder temporal. La primera se aplicaría a los denominados «pequeños misterios» y la segunda, a los «grandes misterios». Sin embargo, Jano también simboliza el presente eterno.

Intentaremos profundizar un poco más en este apasionante asunto recurriendo a los distintos nombres hebreos que podemos traducir por «puerta».

XII. La puerta de la Torah

Existen en hebreo varias palabras para referirse a la Puerta. Entre ellas destaquemos a:

Dal (דל): «puerta», «pobre», «indigente».

De nuevo nos encontramos con la idea de humildad. El pobre es aquel que no está lleno, y por lo tanto se halla en situación de recibir. Llama a la puerta y pide comida o limosna. No cree que todo le es debido y se ha vaciado a sí mismo de todo tipo de «importancia personal». Todo un programa: hay que aprender a desembarazarse de uno mismo, a vaciarse de este mundo, a dirigirse a la puerta y, sobre todo, a tener la humildad de pedir. Con paciencia, con insistencia, con perseverancia y, sobre todo, con humildad.

---

31. Señalemos el parecido entre portero/portera y partero/partera, que son quienes nos «abre» la puerta de entrada a este mundo.

No hemos de creer que el verdadero pobre no posee nada, lo que ocurre es que nada de lo que posee lo posee a él. Sabe que todo es como un préstamo y que, algún día, para poder atravesar la puerta, tendrá que devolverlo.

Delet (דלת): «puerta», «verso», «versículo».

Absolutamente revelador: la puerta de la *Torah* son los versículos que la conforman, todos y cada uno de ellos. Ellos son los que nos permiten entrar en el secreto, y los comentarios de los sabios los abren para nosotros. Los cabalistas explican que el libro del *Génesis* está formado por exactamente 434 palabras. Este número es el valor numérico de *Delet* (דלת). Aprendiendo de la lección del pobre, hemos de llamar a la puerta de la *Torah* para que se nos abra. Llamar a la puerta de la *Torah* es estudiar sus versículos, es darle la vuelta a su aridez y su sequedad, impregnándolos a través de nuestro estudio.

Petaj (פתח): «puerta», «entrada», «matriz», «menstruación», «parte de la tierra que se puede arar».

En esta palabra podemos adivinar el carácter femenino de la puerta sutilmente evocado. Vinimos a este mundo manchados de sangre y fuimos incapaces de volver hacia atrás, y ahora, en nuestro aturdimiento, ya no sabemos dónde está la puerta de salida. Ya vimos la importancia del «sembrar». Una curiosidad: la guematria de *Petaj* (פתח), 488, es también la de *haNiglaoth* (הנגלת), «las revelaciones», «las cosas reveladas».

Shaar (שער): «puerta», «pórtico», «medida», «capítulo».

De nuevo una alusión a la *Torah* como puerta de entrada

al secreto, a las *Niglaoth.* Las 52 *parashiot* o capítulos de la *Torah* son unas puertas de entrada a ella. La delgadez de esta puerta estrecha nos la expresará la palabra *Shear* (שער), que se escribe igual que *Shaar* (שער) y que significa «cabello». Curiosamente, la guematria de *Shaar* (שער) es 570 y coincide con la de *Aron Kburah*, «ataúd».

Las tres primeras palabras nos proponen tres equivalencias simbólicas de la Puerta; la cuarta nos confirma a la segunda:

1. Pobre.
2. Versículo.
3. Matriz.

Petaj (פתח), «matriz», deriva de un verbo que significa al mismo tiempo «abrir», «empezar» e «interpretar». Cuando los rabinos explican el significado de un versículo de la Escritura, lo «abren». Los *midrashim* suelen emplear el verbo *Pataj,* y esta idea aparece constantemente en el *Zohar.* «Abrir» un versículo es sacarlo a la luz; el comentarista actúa como la partera que ayuda a la madre a dar a luz.

Por otra parte, la palabra que los hebreos utilizan para designar a la llave procede de esta misma raíz. *Mafteaj* (מפתח) significa: «llave», «medio para comprender», «clave para interpretar una escritura». Ello nos indica que, de algún modo, la puerta y la llave son de la misma naturaleza.

Constataremos, además, que si la puerta se puede asociar simbólicamente con la Hembra (reflejada en *Petaj*, «matriz», «menstruación») y con los versículos de la Escritura, o sea la letra (reflejada en *Delet*, «puerta», «versículo»), la llave parece corresponder al Macho (que ha de fecundar a la Hembra) o al Espíritu (que ha de vivificar a la Letra).

Símbolo, pues de la Letra, de la Escritura, de la Buena Tierra que ha de ser penetrada por el arado para dar sus frutos, la Puerta precisa de la Llave para que podamos penetrar por ella.

Una llave es de oro, *Zahav* (זהב), y otra de plata, *Kesef* (כסף). Si sumamos las guematrias de estas dos palabras, 14 y 160, obtenemos 174, o sea la guematria *Atbash* de *Torah* (תורה), como ya vimos.

XIII. *La apertura del mar Rojo*

Un concepto que los cabalistas han relacionado en diversas ocasiones con parto y el nacimiento es la apertura del mar Rojo, y no sólo por este color, que es el de la sangre, sino sobre todo porque las aguas se abren recordándonos la ruptura de aguas que tiene lugar en el parto. Este gran milagro no se limitó únicamente, al decir de los sabios, a estas aguas, sino que entonces «se abrieron todas las aguas del mundo».

Si «abrimos» la palabra *Maim* (מים), «aguas», nos encontramos con una letra *Mem* (מ) a cada lado y con la letra *Iod* (י) en el centro. Esta letra, la más humilde y pequeña del alfabeto, simboliza, entre otras cosas, a la denominada «semilla de la inmortalidad».

Esta apertura de las aguas es lo que le permite al pueblo de Israel huir de Egipto, símbolo del mundo caído y de la opresión, para entrar en la Tierra de Israel, símbolo del mundo venidero y de la libertad pero, según el cabalista

Isaac Luria, correspondería también al alma que abandona el cuerpo para unirse a Dios.

Apoyándose en un conocido pasaje de *Isaías* (LV-1), los sabios comparan a la *Torah* con el agua *Maim* (מים):

הוי כל-צמא לכו למים

Todos los que tenéis sed, venid al agua.

La palabra que se traduce como «venid», *Leju* (לכו), es sumamente interesante, pues está formada por la letra *Lamed* (ל), que indica una dirección y la idea de elevación, o sea hacia quién o dónde hay que ir, y *Ju* (כו), guematria 26, o sea la misma que la del Tetragrama, *IHWH*:

$$\begin{array}{rcl} כ &=& 20 \\ ו &=& 6 \\ \hline \end{array}$$

26

$$\begin{array}{rcl} י &=& 10 \\ ה &=& 5 \\ ו &=& 6 \\ ה &=& 5 \\ \hline \end{array}$$

26

El «venid», contemplado desde esta perspectiva, es una invitación a la verdadera *Teshuvah*, al regreso del alma a su fuente. El «ir al agua» debe ser interpretado no como un viaje hacia alguna parte, sino como un regreso a nuestra esencia. De algún modo corresponde a la salida del exilio en el que nos encontramos, el Egipto árido y seco, para regresar a nuestra verdadera patria: la *Torah*.

XIV. El Rico y el Pobre

Un conocido pasaje del *Zohar* afirma que «el Macho representa al Rico y la Hembra al Pobre», y exclama «que el Rico y el pobre se unan como Uno, que se den el uno al otro y que se colmen de beneficios». El rico es el que da y el pobre el que recibe. En otro pasaje (*Zohar* I-13b) podemos leer:

Es ser compasivo con los pobres y darles comida, tal como está escrito en plural: «Hagamos al hombre a nuestra imagen, conforme a nuestra semejanza» (*Génesis* I-26). «Hagamos al hombre» conjuntamente, comprendiendo lo masculino y lo femenino «a nuestra imagen», ricos, «conforme a nuestra semejanza», pobres. Según el aspecto masculino, ricos, y según el aspecto femenino, pobres.

También se alude al pobre en el libro de los *Salmos* (XLI-2) que dice:

Bienaventurado el que piensa en el pobre.

Los comentaristas nos lo explican así:

Porque se adelanta a él y evita que éste se sienta avergonzado al tener que solicitar la caridad.

Para los cabalistas la letra *Guimel* (inicial de *Guebir* (גביר), «hombre rico»), representa al Rico,[32] mientras que la letra *Dalet* (inicial de *Dal* (דל), «pobre») representa al Pobre. Estas letras están juntas en el alfabeto sagrado y por su forma parecería que la *Guimel* corre con sus dos patas hacia la *Dalet*. Es el Rico que corre a dar limosna al Pobre. Curiosamente, la unión de estas dos letras forma la palabra *Gad* (גד), que entre otras cosas significa «prosperidad». La prosperidad de una persona procedería de su propensión y su capacidad para ayudar a los demás.

El Rico y el Pobre corresponden también al *Tselem* y al *Demut* de *Génesis* (I-26) y al Macho y la Hembra. Según Carlos del Tilo, «El Pobre sin el Rico permanece desprovisto de todo. El Rico sin el Pobre se queda solo y no puede realizarse».[33]

En cierto modo, al menos simbólicamente, el Rico y el Pobre pueden asociarse a la Llave y a la Puerta. La Llave sin la Puerta no tiene qué abrir, y la Puerta sin la Llave permanece obligatoriamente cerrada.

XV. Un pobre es considerado como un muerto

Una sorprendente idea que aparece en el Talmud (*Nedarim* 64 b) y que entendida al pie de la letra puede resultar un tanto chocante y hasta discriminatoria, es aquella que com-

---

32. Sin duda, apoyándose en la relación entre la letra *Guimel*, que representa al Rico, y *Gamel*, «camello», el Evangelio declara que «Es más fácil que un camello pase por el ojo de una aguja, que un rico entre en el reino de los cielos» (*Mateo* XIX-24).

33. Ver *La Puerta*, n.º 6, primavera, 1980, págs. 46 y ss.

para a los pobres con los muertos. La misma opinión podemos encontrarla en el *Zohar* (II-119 a):

דעני חשוב כמת

«Porque un pobre es considerado como un muerto».

Entendiéndolo según nuestro entendimiento caído, podemos pensar que se está despreciando a los menos afortunados, pero veremos que en modo alguno es así. Ni pobre corresponde a pordiosero, ni muerto a difunto. Se trata de una alusión al Mesías.

Si calculamos el valor numérico de las letras iniciales de las 3 palabras que constituyen esta suerte de aforismo, nos encontramos con el número 32, o sea la guematria de *Lev* (לב), «corazón».

$$ד = 4$$
$$ח = 8$$
$$כ = 20$$
$$\overline{}$$
$$32$$

Y cuando hablamos de «corazón», no nos estamos refiriendo a cuestiones exteriores, de este mundo, sino a misterios del alma, del *Olam haBa*. Si calculamos la guematria de la expresión completa, obtenemos 910.

$$דעני = 134$$
$$חשוב = 316$$
$$כמת = 460$$
$$\overline{}$$
$$910$$

Podemos preguntarnos qué tiene que ver este número con el corazón. Si pensamos en que 910 es el resultado de multiplicar 70, la guematria de *Sod* (סוד), «secreto» por 13, la guematria de *Ahavah* (אהבה), «amor», quizá podamos ir intuyendo algo, pero hemos de relacionar el número 13 con la muerte, entre otras cosas porque la palabra *Mavet* (מות), «muerte» en hebreo, comienza por la letra *Mem* (מ), la decimotercera letra del alfabeto.

$$70 \times 13 = 920$$

Por otra parte, si calculamos la guematria *Katan* de *Oni* (עני), «pobre», vemos que también es 13:

$$ע = 7$$
$$נ = 5$$
$$י = 1$$
$$\overline{}$$
$$13$$

XVI. ¿Dónde está la Puerta? ¿Dónde están las Llaves?

Las respuestas a estas dos preguntas nos las van a proporcionar dos refranes populares y una conocida canción infantil.

Como ya vimos, los cabalistas relacionan a *Shaar* (שער), «puerta», «pórtico», «medida», con *Shear* (שער), «cabello». *On hi a pel, hi ha alegria*, (Donde hay pelo hay alegría), dice un refrán catalán. Pero ¿de qué alegría estamos hablando?

Como veremos más adelante, al pelo se lo suele relacionar con la Mala Inclinación, *Ietser Ra* (יצר רע). Los hombres realmente fuertes, como era el caso de Sansón, son aquellos que saben extraer su fuerza del *Ietser Ra* (יצר רע), que saben aprovecharlo para bien. Sin duda por ello los *Pirkei Avoth* (IV-1) definen al hombre fuerte como aquel que controla su *Ietser Ra* (יצר רע). La *Torah* nos enseña que cuando a Sansón le cortaron su cabellera, perdió su proverbial fuerza. Pero ¿no significa precisamente Dalida «la que tiene la llave»? ¿No podemos relacionar esta palabra con *Dal*, «pobre»?

Como a la *Torah*, también hay que «dar la vuelta» al *Ietser Ra* (יצר רע). Acudamos a la guematria y calculemos la guematria inversa de esta expresión, la denominada guematria *atbash* de *Ietser Ra* (יצר רע). Se trata de 58, la misma que la de *Jen* (חן), «gracia».

$$י = 40$$
$$צ = 5$$
$$ר = 3$$

$$ר = 3$$
$$ע = 7$$
$$\overline{}$$
$$58$$

$$ח = 8$$
$$ן = 50$$
$$\overline{}$$
$$58$$

Esto nos enseña que para vencer al *Ietser Ra* (יצר רע) hay que darle la vuelta y acoger la «gracia», *Jen* (חן), en nuestro corazón. O si queremos, que no lo lograremos por medio de la fuerza bruta, sino por medio de la sutileza y de la gracia.

La guematria de «pelo», *Sear* (שער), es 570, y la de *Ietser Ra* (יצר רע) también es 570. Desde luego, por paradójico que pueda parecernos, cuando decimos que «donde hay pelo hay alegría» no estamos hablando de la alegría propia del hombre caído y peludo, sino de la del Mesías, la de los tiempos mesiánicos. La guematria de *Shear* (שער), 570, es también la de *Or haMashiaj* (אור המשיח), «Luz del Mesías».

$$אור = 207$$
$$המשיח = 363$$
$$\overline{}$$
$$570$$

XVII. *Las cuarenta mil puertas del infierno*

Solemos creer que después de nuestra vida en este mundo somos enviados al cielo o al infierno en una especie de juicio. Lo que no sabemos es que somos nosotros mismos quienes nos juzgamos, que es nuestro *Ietser Ra* (יצר רע) el que nos condena. Dios no maldice: bendice.

Louis Cattiaux escribía:[34]

La maldición de Dios es como ignorar o devolver su bendición. Así, jamás es Él quien nos condena, sino nosotros los que permanecemos estúpida y orgullosamente sepultados en la soledad de la muerte.

---

34. *Op. cit.*, pág. 131.

En las *Otiot de Rabbí Akiva*[35] encontramos un delicioso *midrash* en el que podemos ver la relación entre la Mala Inclinación y la puerta. El texto dice así:

> ¿Cómo podría juzgaros y condenaros más allá del castigo al que ya os ha condenado vuestra propia Mala Inclinación? Entonces el Santo, bendito sea, toma las llaves de la *Guehena* (el infierno) y las entrega a Gabriel y Miguel en presencia de todos los *Tzaddikim*, diciéndoles: «Id a abrir las puertas de la *Gehena* para que salgan, porque está escrito "abrid las puertas, que pase el pueblo justo que se mantiene fiel"». De inmediato Miguel y Gabriel abren las cuarenta mil puertas de la *Gehena* y sacan a estas personas.

Comentábamos al principio de este artículo que el pozo, alrededor del cual «hay muchos», es a menudo un símbolo negativo. Recordemos a este respecto a José, que es echado a un pozo en el que hay todo tipo de alimañas; o el terror que tiene el ciego del Talmud de caer en un pozo. Pero, como todo símbolo, el del pozo es dual, y también tiene su lectura positiva.

Recordemos el pozo al que iban a beber las ovejas de Raquel y cuya piedra levantó Jacob (*Génesis* XXIX-9 y 10). De algún modo nos encontramos con la misma historia con Abraham y Rebeca (*Génesis* XXIV). Curiosamente, en ambas la mujer aparece asociada al pozo cerrado. Como la puerta, el pozo ha de ser abierto, y ésa es la función de los patriarcas, del exegeta.

---

35. Véase *El Alfabeto de Rabbí Akiva*, traducción de Neil Manel Frau-Cortès, Ediciones Obelisco, Rubí, 2017.

«Todo mi gozo en un pozo». Dice un antiguo proverbio castellano que nuestra inteligencia torcida nos hace interpretar como que hemos perdido algo o hemos sufrido una decepción, cuando el refrán, leído literalmente, sin malicia ni artificios, nos está diciendo que todo nuestro gozo, toda nuestra alegría, se halla en cierto pozo.

Los comentaristas asocian a menudo el pozo con la *Torah*, un verdadero «pozo de ciencia». Una piedra tapa la entrada (o la salida) de este misterioso pozo, impidiéndonos beneficiarnos de sus aguas. Pero esta piedra también impide que los indignos de esta agua puedan acceder a ella y que la impurifiquen. Para acceder al «gozo», el *Oneg* (עֹנֶג), hay que retirar la pesada piedra que lo tapa.

XVIII. El pozo del tesoro

En muchos cuentos tradicionales se habla de un tesoro que está oculto en el fondo de un pozo. Para encontrarlo, primero hay que identificar el pozo en cuestión y luego *profundizar* en él. Los sabios nos explican que es un pozo rodeado de zarzas, cardos y espinas, o incluso con su entrada tapada por una pesada piedra muy difícil de levantar. Louis Cattiaux, por ejemplo, escribía (MR XVI-68'):

La verdad bien luce dentro del pozo, pero la entrada está cubierta de zarzas enredadas inextricablemente.

Sin embargo, el pozo bien podría ser un símbolo de algo que tenemos muy cerca, pero a lo que a menudo hacemos poco caso: nuestro propio corazón.

En la *Torah,* y particularmente en el *Cantar de los Cantares,* nos encontramos en varias ocasiones con la expresión «pozo de aguas vivas», *Beer Maim Jaim* (באר מים חיים): se trata evidentemente del pozo del tesoro del que también nos hablan los cuentos de hadas.

Y es que la *Torah* es el verdadero «pozo» del que es posible extraer el agua de la vida, aquella capaz de calmar nuestra sed metafísica. Como ya vimos, los sabios nos enseñan que la *Torah* comienza por una letra *Beth* (ב) y acaba con una letra *Lamed* (ל), y que ambas forman la palabra *Lev* (לב), «corazón».[36]

En el *Targum sobre Cantar de los Cantares* podemos encontrar la siguiente explicación:

> Las aguas de Siloé se mezclan, lentamente, con las aguas del Líbano para regar la tierra de Israel y esto es así porque (los de Israel) se ocupan de las palabras de la *Torah,* parecidas a un pozo de aguas vivas…

Si calculamos la guematria *Raguil* de la primera palabra de la *Torah, Bereshit* (בראשית), una palabra que, de algún modo, incluye a toda la *Torah,* vemos que es 913. Curiosamente, se trata también de la guematria *Atbash* de *Beer Maim Jaim* (באר מים חיים), «pozo de aguas vivas».

«Deconstruyendo» esta primera palabra de la *Torah, Bereshit* (בראשית), nos encontramos con *Beer* (באר), «pozo»,

---

36. La guematria *Katan* de *Lev* (לב), «corazón», y la de *Beer* (באר), «pozo», es la misma: 5. Este número alude tradicionalmente a los 5 libros de la *Torah.*

y *Shait* (שית).[37] Consultando en el diccionario el significado de *Shait* (שית), descubrimos que significa «zarza», «espina», «cardo».

Finalmente, la guematria también nos va a enseñar que este pozo es el tesoro de la *Torah, Otzar ha Torah* (אוצר התורה), expresión cuya guematria también es 913.

La verdad, objeto de nuestra búsqueda, que «bien luce dentro del pozo» es la luz eterna, *Or Olam* (אור עולם), expresión que, tomando el valor 600 de la letra *Mem Sofit,* también suma 913.

XIX. Bajo el Sol

Ya vimos que, según el *Evangelio según Tomás,* «los solitarios y los elegidos» entrarán en el Reino. También vimos que el *monakos* no es únicamente el monje, el que se ha retirado a una vida eremítica lejos de los afanes de este mundo: es el que ha hecho la unidad en sí mismo. Veamos ahora la curiosa relación etimológica entre *Hapshit* (חפשית), «aislamiento», y «vida eremítica», término que deriva de *Hipush* (חפוש), «búsqueda», o *Hapshiut* (חפשות), «libertad».[38]

Estas tres ideas las encontramos magistralmente contenidas y reflejadas en un versículo del *Mensaje Reencontrado*:

---

37. Este ejercicio de «deconstrucción» se encuentra en los *Tikunei ha-Zohar.*
38. Curiosamente *Hiposhit,* de la misma familia etimológica, significa «escarabajo». A lo mejor el animal sagrado de los egipcios nos está proporcionando alguna pista de dónde se halla la «puerta estrecha» que buscamos. Véase a este respecto nuestro estudio *Los Templarios y el Tarot,* Ediciones Obelisco, Barcelona, 2004.

Retirándose de lo que es vano, se llega rápidamente a la soledad y a la libertad necesarias para la búsqueda de Dios.[39]

En este mundo, nos enseña el sabio *Eclesiastés*, «todo es vanidad». También nos regala una pregunta crucial:

¿Qué provecho saca el hombre de todo por cuanto se afana debajo del Sol?

«Debajo del Sol» es el mundo de los astros, de los falsos dioses, que «no aprovecha» y es «vanidad de vanidades». Es el mundo fangoso en el que hemos caído. La única actividad que no es vanidad, nos enseñan los comentaristas, es el estudio de la *Torah*. Y si «no hay nada nuevo bajo el Sol» (*Eclesiastés* I-9) es porque únicamente la *Torah* es siempre nueva y está por encima de los astros.

XX. La llave

Por lo que se refiere a *Mafteaj*, la «llave», el «medio para comprender» o «la clave para interpretar las Escrituras», hemos de señalar su relación con el denominado *Ruaj haKoddesh* o «espíritu de santidad».

Por otra parte, en diversos motivos iconográficos medievales encontramos a la llave relacionada con la paloma. En francés una llave maestra, capaz de abrir todas las puertas, recibe el nombre de *rossignol*, «ruiseñor». Tanto la paloma como el ruiseñor son símbolos del espíritu de santidad.

---

39. *Op. cit.,* V-70', Editorial Sirio. Málaga, 1987.

Presentando su libro *Hijos de la Geometría*,[40] un buen amigo y brillante científico, declaraba haber llegado a la conclusión de que el cero y el infinito eran lo mismo. Rozando ya el final de este artículo, nos atreveríamos a tomar prestada su idea y diremos que la Puerta y la Llave también son lo mismo.

Comenzábamos este artículo con el mensaje que nos era dado en un sueño: «Si llamas a la puerta de la casa de Dios, es que Dios ya ha llamado a la puerta de tu corazón». Después de todo lo que hemos visto, quizá descubramos un sentido nuevo en estas palabras: llamas a la casa de Dios *cuando* Dios está llamando a la puerta de tu corazón. No se trata de dos cosas distintas, de dos *tempos* diferenciados. Buscar y encontrar son lo mismo, llamar y ser llamado también.

---

40. Josep Bonfill, *Hijos de la Geometría*, Ediciones Obelisco, Rubí, 2024.

LA ESPADA Y EL DIABLO[41]

Un conocido proverbio sefardí afirma que «Más vale pájaro en mano que ciento volando».[42] Miguel de Cervantes parecía conocerlo bien, pero al ponerlo en boca de Sancho se convierte en «Más vale pájaro en mano que buitre volando» (II-12). Cuando le da este consejo que le «viene de molde» al Ingenioso Hidalgo, el escudero se está refiriendo a Dorotea.

Dorotea (Δωροθεα) es el femenino de Teodoro, «Don de Dios». Cervantes está comparando el Don de Dios con un ave, con un volátil.

En la segunda parte (II-33) nos encontramos con otro consejo que también es de procedencia hebrea: «Más vale el buen nombre que las muchas riquezas». De hecho, así comienza el *Proverbio* XXII. En ambos refranes, Cervantes parece querer cantar las excelencias de «la palabra» o «el nombre».

¿Por qué introdujo Cervantes el buitre en el primer proverbio? ¿Por qué no utilizó, por ejemplo, al halcón, que

---

41. Este artículo escrito en los 80, tampoco se llegó a publicar en *La Puerta*.
42. *Kohelet Rabbah* (IV-6).

es el pájaro que aparece en la portada de la primera edición de su libro? Vamos a intentar averiguarlo acudiendo a la etimología. En hebreo «buitre» se dice *Peres* (פרס), palabra que también significa «quebrantahuesos» y «pezuña», y que deriva del verbo *Paras* (פרס), «fragmentar», «romper en dos». Este término tiene un sentido destructor, separador.

Si escudriñamos la etimología latina de *vultur*, «buitre», nos encontraremos con más sorpresas. Esta palabra está formada por las raíces *vol*, «pájaro», y *tur*, «grande». De *vol* deriva el verbo *volo-are*, «volar», pero también la palabra *vola-ae*, que designa a la palma de la mano.

En hebreo a la palma de la mano se le llama *Kaf haIad* (כף היד). *Kaf* (כף) también significa «platillo» de una balanza.

La raíz latina *bal*, que según Court de Gébelin deriva de *vol*, significaría «mano». De esta raíz procede el francés *bailler*, «transmitir de mano en mano». Este etimólogo la asocia también con Belial, el diablo.[43]

La cábala luriana nos ha dejado un concepto que los cabalistas no suelen divulgar demasiado: el Tetragrama (יהוה) o Nombre de Dios, que quedó escindido en dos partes a raíz de la caída.

Nuestro buitre, pájaro que si no está «en mano» es de carácter diabólico, puede relacionarse con el dios Ares, el Marte de los griegos. Como escribe Stéphane Fèye[44] «Ares procede de la raíz *Ar*, "destruir"». Y también «Ares es el mercurio vulgar de los alquimistas, el que hace vivir a todo lo que está vivo, pero que no deja de ser el destructor de los mortales y que mata y descompone lo que está muerto. En otro pasaje que también toma de la tradición judía,[45] Cervantes nos dice que "Dios, que da la llaga, da la medicina"» (II-19).

El buitre, que corresponde al Ares de los griegos, puede asociarse con la primera mitad del Tetragrama, IH (יה), que también puede leerse como 15. Curiosamente, éste es el número de la carta del Tarot de Marsella denominada «El Diablo», en el que resaltan las pezuñas del personaje, la espada sin mango y la separación de los dos personajes.

El «buitre volando» se convierte en inofensivo pájaro si está fijado, el destructor volátil es ahora un tierno y dulce

---

43. En su *Dictionnaire étymologique de la langue latine*, tomo I, págs. 150-151. Hemos tomado de este autor todas las etimologías latinas que citamos.
44. En *La Puerta* n.º 4.
45. Véase *Job* (V-18).

pajarillo. Todo ello alude al misterio de la Palabra, en hebreo *Dabar* (דבר), de donde viene *Deborah* (דבורה), «abeja».[46]

La abeja, la palabra o el buen nombre aluden a un mismo misterio. El buitre, las moscas o las riquezas tampoco son algo distinto. Recordemos las sabias palabras de Salomón (*Proverbios* XI-28): «Aquel que confía en sus riquezas caerá».

Otro proverbio de la época nos dirá que «Más vale una abeja sola que mil moscas». ¿Por qué *moscas*? Porque la mosca alude a Belzebú, literalmente *Baal Zebub*, el «Señor de las Moscas».

Hay que hacer hincapié en «sola», que debemos leer como «única», en la que no hay división: es la palabra unificada.

Don Juan Manuel sostenía que «la caballería es una especie de sacramento comparable al bautismo y al matrimonio». La espada, luminosa y afilada, es el don que recibe el hombre cuando es armado caballero. Es el Don de Dios que recibe el cabalista y que le permite «abrir» el Libro y leerlo al descubierto, ejerciendo así su arte noble y discreto.

El simbolismo de la espada es dual: la espada tiene dos filos. Es un fuego[47] destructor o regenerador, que «lo hace todo y lo destruye todo».[48] Puede ser manifiestamente separadora y destructora,[49] como en el caso del Diablo, o su-

---

46. La relación entre la palabra y la abeja se adivina en *Proverbios* (XII-24): «panal de miel son las palabras agradables».

47. Véase *Génesis* (III-24), donde se recalca que se trata de una espada flamígera.

48. Véase Dom Antoine Joseph Pernety, *Diccionario Mitohermético*, artículos «Épée» y «Feu», París, chez Dedalain, 1787.

49. De hecho, el hebreo *Jerev*, «espada», procede de una raíz que significa «destrucción».

mamente benéfica, como en el del Arcano n.º VIII del Tarot: La Justicia, en el que aparece empuñada. Observemos
que el personaje femenino de este naipe también sostiene
una balanza y, como dijimos, *Kaf* (כף), «la palma de la mano», también significa «platillo» de una balanza.

Ése es el «pájaro en mano», la «buena palabra» o la «abeja una»: el Nombre de Dios reunificado.

SIMBOLISMO DE
LA ESTRELLA DE DAVID

Lo que está abajo es como lo que está arriba, y lo que
está arriba es como lo que esta abajo.

HERMES TRISMEGISTO

Los cuatro elementos forman el alfabeto con el que Dios
enseña a los hombres clarividentes.

LOUIS CATTIAUX

Huginus A. Barma, *Le règne de Saturne changé en siècle d'Or*
(*Saturnia Régna in aurea saecula conversa*), París, 1657.

Uno de los símbolos más conocidos entre los aficionados a las ciencias ocultas, la denominada «Estrella de David», llamada también «Estrella de los Magos» o «Sello de los Sabios» (*Sigillum Sapientum*), ha sido objeto de las interpretaciones más variopintas.

Los magos medievales la han utilizado en sus pantáculos y rituales, y todos los autores que se han ocupado del ocultismo más o menos seriamente no han podido resistirse a la tentación de brindarnos su interpretación personal.

No es nuestro propósito ofrecer una nueva interpretación, ni tampoco repasar todas las existentes, que no son pocas. Deseamos, simplemente, prescindiendo de cualquier connotación de tipo «mágico» o «brujeril», ahondar en la medida de nuestras posibilidades en el sentido cabalístico de este símbolo fundamental. Por ello, en el presente artículo, rehuiremos apoyarnos en las especulaciones de los ocultistas, que, sin embargo, son casi los únicos en haber comentado este símbolo, limitándonos voluntariamente a las fuentes tradicionales, que en este caso son en su inmensa mayoría iconográficas, y a su análisis. Si los maestros son más bien parcos en palabras en lo que se refiere al tema que nos ocupa, las imágenes que nos han legado son lo suficientemente elocuentes por sí mismas.

Creemos que la Estrella de David es una de las mejores representaciones gráficas del símbolo por excelencia. No es necesario extenderse aquí en la explicación de qué era el símbolo para los griegos.[50] Tampoco desearíamos, en la me-

---

50. Véase a este respecto el artículo de Carlos del Tilo, «Introducción al estudio de los símbolos», publicado en *La Puerta*, Simbolismo, Ediciones Obelisco, Barcelona, 1988, donde se publicó este artículo.

dida de lo posible, repetir lo que se encuentra en otros artículos de *La Puerta*. Señalemos únicamente que el símbolo era un objeto cortado en dos partes, conservada cada una de ellas por una persona. Estas dos partes eran, pues, de idéntica naturaleza, complementarias, encajando perfectamente entre sí. Unidas eran un signo de reconocimiento. Pero, podemos preguntarnos, ¿a qué aluden en realidad estas dos partes?

Libro del ángel Raziel, s. XVII

La Estrella de David es un símbolo en la medida en que está compuesta por dos partes complementarias, representadas por dos triángulos equiláteros, △ y ▽ pueden reunirse formando un rombo ◊ o una estrella ✡.

En el rombo, vemos que un triángulo es reflejo del otro; en la estrella, que son complementarios.

Podemos ver simbolizados en estos dos triángulos al Cielo, △, y a la Tierra, ▽, constituyendo en la estrella su unión ✡.

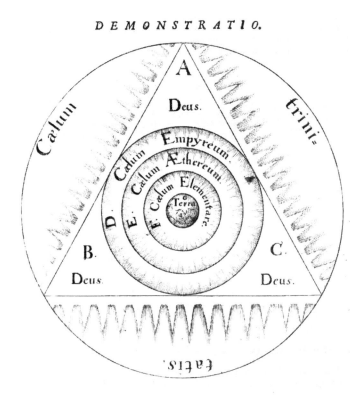

Robert Fludd, *Utriusque Cosmi Historia*, Oppenheim, 1619.

△ es lo masculino, lo activo, mientras que ▽ representa lo femenino, lo pasivo.

Para algunos autores,[51] sería lo mismo que la montaña y la caverna. También es, en cierto modo, lo mismo que la montaña y el pozo, tal y como aparecen en la figura siguiente tomada del *Musaeum Hermeticum* (1625).

Musaeum Hermeticum, Frankfurt, 1625.

Desde otro punto de vista, podemos ver en la Estrella de David la reunión de los cuatro elementos. Estos son los siguientes:

△ ▽ △ ▽

Fuego Tierra Aire Agua

---

51 Véase René Guénon, *Símbolos fundamentales de la Ciencia Sagrada,* cap. XXXI: «Según hemos señalado anteriormente, el esquema de la montaña, al igual que el de la pirámide o el del montículo, sus equivalentes, es un triángulo con el vértice hacia arriba; el de la caverna, al contrario, es un triángulo con el vértice hacia abajo y, por ende, invertido con respecto a aquél».

Algunos autores, notablemente el de la *Clavícula de la Ciencia Hermetica,* un discreto «habitante del Norte», al final de su soberbio tratado, traducido y publicado por primera vez en castellano por Jeanne d'Hooghvorst en *La Puerta,*[52] han hecho corresponder las cuatro letras del Tetragrama o Nombre de Dios con los cuatro elementos.

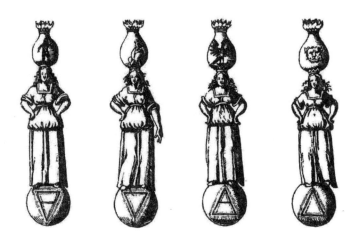

Tanto si unimos los dos triángulos, o sea el Cielo y la Tierra, como si lo hacemos con los cuatro elementos o, lo que es lo mismo, con las cuatro letras del Nombre de Dios, el resultado es el mismo: la Estrella de David.

$$\triangle \; + \; \triangledown \; = \; \hexagram$$

Esta estrella, unión del Cielo y de la Tierra, es asimismo un símbolo de la luz:

---

52. *La Puerta,* Simbolismo, Ediciones Obelisco, Barcelona, 1988.

«La unión del Cielo (△) y de la Tierra (▽) hace aparecer la luz del Perfecto (☉)».[53]

«El Agua (▽) y el Fuego (△) purgan la creación mixta hasta la estrella de la renovación y hasta el Sol de terminación (☉)».[54]

También nuestro sabio habitante del Norte verá en la unión de los dos triángulos, que simboliza con la letra X, el origen de la palabra LVX.

Todos los libros inspirados nos hablan, de un modo más o menos velado, de esta luz. La *Torah* misma es luz: «es tu palabra una luz en mi sendero»[55] o «La *Torah* es una luz».[56]

Todo el misterio del símbolo, en cuanto a unión de dos partes de una misma cosa de una misma naturaleza, puede resumirse en el misterio del Nombre, de la reunificación del Nombre.

A propósito de la visión de la luz por parte de Abram en *Génesis* XV-1, en la que se dice: «No temas», el *Zohar*[57] explica: «Cada vez que en el texto de la *Torah* se trata de "visión", se trata del Nombre que fue revelado a los Patriarcas, y que es *Shaddai* (שדי) como se ha dicho: "Aparecí a Abraham, a Isaac y a Jacob como *El Shaddai*" (*Éxodo* VI-3) y, en otro lugar "Aquel que ve la visión del Shaddai" (*Números* XXIV-4)"».

Esta visión, cuando han sido unidos Cielo y Tierra, está simbolizada por la Estrella de David en las representaciones

---

53. Véase *El Mensaje Reencontrado,* XVIII-64. Editorial Sirio, Málaga, 1987.
54. Véase *El Mensaje Reencontrado,* I-45. Editorial Sirio, Málaga, 1987.
55. Véase *Salmos* CXIX-105.
56. Véase *Proverbios* VI-23.
57. *Zohar* (I-88b).

cabalísticas tradicionales. Señalemos que en éstas aparecen tanto el nombre *Shaddai* (שדי) como el nombre *IHWH* (יהוה).

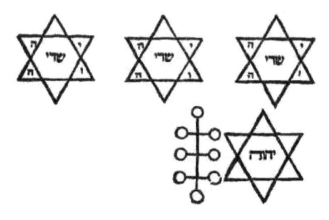

Libro del ángel Raziel, s. xvii

A partir del esquema tradicional, podemos considerar la Estrella de David desde dos puntos de vista: el exterior y el interior.

Desde el punto de vista exterior, esta estrella de seis puntas bien podría aludir al hombre, creado en el día sexto,[58] y a su Redención.

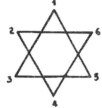

58. Respecto al número 6, Enrique Cornelio Agrippa escribe: «Se le llama también el número del hombre, porque el hombre fue creado el sexto día; y también se le llama el número de la redención porque el sexto día Cristo sufrió por nuestra redención, por lo que tiene gran relación con la cruz». (*Filosofía Oculta,* Lib. II, cap. IX).

Por otra parte, si consideramos esta Estrella desde su interior, nos encontramos con el hexágono, símbolo que se ha asociado desde antiguo a la abeja,[59] en hebreo *dbrah,* que corresponde a *dabar,* «palabra», que podemos asociar simbólicamente con el corazón.

Con todo ello vemos que las distintas interpretaciones apuntadas, lejos de contradecirse, se complementan:

— La unión de lo que está arriba con lo que está abajo.
— וה + יה
— La unión del Cielo y de la Tierra.
— La reunión de los cuatro elementos.

Las Sagradas Escrituras y los libros de los sabios hermetistas nos hablan constantemente de la visión simbolizada por esta estrella, la Estrella de los Sabios o de los Magos. [60]
En algunas ilustraciones vemos que el sabio sigue pacientemente los pasos de esta estrella luminosa, representada en la portada del Musaeum Hermeticum Reformatum et Amplificatum por una joven cargada de frutos.

---

59. Recordemos que grandes poetas místicos como Kabir o San Juan de la Cruz hablan de «la abeja del corazón».
60. Particularmente, Ireneo Filaleteo en su *Entrada abierta al palacio cerrado del rey.* Ediciones Obelisco, Rubí, 2024.

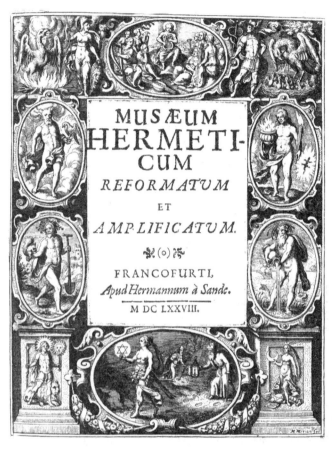

Musaeum Hermeticum Reformatum et Amplificatum (1678)

«El verdadero sabio —escribe Louis Cattiaux— es aquel que ve los dos rostros de Dios y que contempla lo que está oculto en su interior. Pues es en la unión de los contrarios donde aparece la verdad del único».[61] «El secreto de los sa-

82

bios es Dios y su luz colocados al alcance del corazón y de la mano del hombre santificado por el amor».[62]

Recordemos que la Palabra es «luz en mi sendero» (*Salmos* CXIX-105). La reunión de los dos triángulos, la reunificación del nombre יהוה o la unión de los cuatro elementos simbolizan esa visión con la cual Dios enseña a los «hombres clarividentes», o sea aquellos que han visto esta claridad, como si de un alfabeto se tratara.

«¡Ojalá algún día dejemos de ser analfabetos y ciegos, y esa visión nos permita leer los Libros Sagrados y las obras de los Sabios al descubierto!».

---

62. Véase *El Mensaje Reencontrado,* XIV-31'. Editorial Sirio, Málaga, 1987.

BALAR O BENDECIR

Louis Cattiaux nos dice en *El Mensaje Reencontrado*[63] que «El Libro no es para los corderos que balan» sino «para los niños libres de Dios que bendicen al Señor en sus corazones», y que «los rebaños salvajes son diezmados por las fieras, pero los rebaños protegidos acaban en el matadero».

Nuestro escenario vital presenta, pues, tres posibilidades:

1. **Pertenecer al rebaño**, que acaba en el matadero. Es lo que le ocurre a la mayoría de los mortales, prisioneros de las trampas de este mundo.
2. **Ser un salvaje,** con todos los peligros que ello conlleva. Es el destino de unos pocos que no se avienen a «arrebañarse».
3. **Bendecir al Señor en nuestros corazones** y ser libres. Es lo que Cattiaux describe como «la salida de

---

63 *Op. cit.* Ediciones Sirio, XXIV-16', Málaga, 1987.

la conciencia individual y como la inmersión en la conciencia divina».[64]

La palabra "cordero» viene del latín *cor-dis,* que significa precisamente «corazón». Los corderos simbolizan, pues, a los corazones, las chispas de luz que el profeta, el buen pastor, reúne: «La luz desciende sobre la Tierra y sube de nuevo al cielo, para reunir en Dios el polvo de humanidad dispersado en los abismos»[65] o «¡Extraña búsqueda, en la que debemos reunir algunos granos de oro perdidos en la montaña de la arena muerta!».[66]

En nuestros corazones, en nuestras vidas, podemos, pues, hacer dos cosas: balar o bendecir.

Balar, según Covarrubias, «es propio de las ovejas, que con su voz profieren la letra b». Es la B de *bárbaro,* aquel que no conoce la lengua, que no sabe hablar, que ignora la Palabra y por lo tanto no puede bendecir (ni tampoco recibir la bendición pues ha sido dicho «bendeciré a los que me bendigan»). Es el idólatra, el hombre exterior cuyos sacrificios «no son agradables» al Señor. También es la B de *bobo,* del latín *balbus,* «tartamudo».

Antiguamente se consideraba que aquellas personas que tenían un defecto que comenzaba por la letra B (*bègue, borgne* o *boiteux,* «tartamudo», «tuerto» o «tullido») no podían entrar en la Masonería. Para ser miembro de esta sociedad secreta de constructores había que ser «un hombre *libre* y de buenas costumbres».

---

64 *Op. cit.* Ediciones Sirio, XVIII-58, Málaga, 1987.
65 *Op. cit.* Ediciones Sirio, II-38', Málaga, 1987.
66 *Op. cit.* Ediciones Sirio, XXIX-30, Málaga, 1987.

En cierto modo, todos los hombres caídos tenemos este defecto que nos impide ser masones verdaderos o sea constructores del Templo: es la secuela del pecado original que arrastramos desde los tiempos de nuestro primer padre, Adán. Es lo que nos impide ser «hombres libres». «La libertad, afirma también Cattiaux, es un don de Dios»,[67] un don que los hombres rechazamos prefiriendo la comodidad del rebaño.

La Cábala nos enseña que Bera, el rey de Sodoma, significa en realidad *Beth Ra,* lo que significaría la *Beth* malvada, la *Casa* mala. *Bera* es un anagrama de *Eber,* «occidente, crepúsculo, noche, mezcla» y de *Rahab,* «hambre». El *Midrash* nos enseña que «Bera tenía una *Beth* mala respecto a los cielos y a las criaturas». Existe, pues, una relación entre este rey malvado y lo que simboliza, occidente y el hambre. Todo un tema para reflexionar.

Hombres llamando a la puerta de la casa de Lot,
en Sodoma, *Biblia Sacra,* Lyon, 1559.

---

67 *Op. cit.* Ediciones Sirio, XIII-23 y XIV-38, Málaga, 1987.

En hebreo, la B corresponde a la letra *Beth* (ב), cuyo valor numérico es 2, y que significa «casa». La forma del número 2, abierto hacia la izquierda, la dirección hacia la cual se lee y escribe en hebreo, deriva precisamente de la de esta letra *Beth* que, por su valor numérico, tiene un significado dual. Todo depende de dónde reciba su luz esta casa, de su orientación. Tenemos a la *Beth* buena y a la *Beth* mala. Si hay una *Beth* malvada, mala, que tiene que ver con la sexualidad exterior y mal practicada, sodomita e inhospitalaria de Bera, por oposición, ha de haber una *Beth* buena, relacionada con otro tipo de sexualidad. Es la diferencia entre las «buenas costumbres» de las que nos habla la masonería y las «malas costumbres» de los hombres profanos.

La *Beth* es una letra muy importante ya que es la letra que da comienzo a la *Torah*. Ésta es la *Beth* buena, la letra con la que se inicia la Creación, la *Beth* de *Berajah*, «bendición». Refiriéndose a ella el *Zohar* (I-145 a), dice: «la letra *Beth* (ב) está cerrada de un lado y abierta de otro. Está abierta de otro a fin de que su faz sea iluminada por lo Alto». Cuando nos encontramos con esta letra al principio del libro de *Génesis*, vemos que es más grande que las demás letras, y que hay un punto en su interior: בּ. La *Beth* buena está embarazada de lo Alto, simbolizado por este punto.

Así, la *Beth*, o lo que ésta representa, corresponde en nosotros a aquello que nos queda de Adán y que puede ser «iluminado por lo Alto». Sin duda éste es el sentido de *Betel*, *Beth Elion*, la *Beth* del Altísimo, llamada en *Génesis* XXVIII-17 «Casa de Dios», donde también tiene el punto.

Por otra parte, la idea del «rebaño» es muy sugerente. El rebaño va a la boca del lobo o al matadero. «Arrebañar», escribe Covarrubias, es «recoger de una parte y de otra lo que hay para llevárselo». Podemos relacionar este verbo con «rebanar», esto es recoger con el pan la comida que vamos a llevarnos a la boca.

Y finalmente «corderos», en hebreo *Kibshim* (כבשים), tiene una guematria o valor numérico de 372, como *Kibshon* (כבשן), «horno», pero también «misterio», o *Mishkav* (משכב), «lecho»; sin duda algo importante y misterioso se cuece en la cama y en nuestros corazones… Sin duda por ello nos dormimos contando «corderitos».

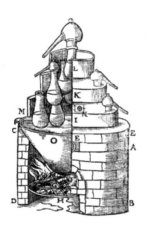

Contenido